你好！大诗人 苏轼

诗酒年华
尽天真

《国家人文历史》 著
崔若玮 绘

中信出版集团｜北京

目录

大家好，我是苏轼 2

苏轼的家谱树 4

第一章 苏轼和他的时代 7

第二章 苏轼阅读指南 29

第三章 苏轼的遗产 83

大家好，我是苏轼

东坡，是我给自己取的别号。没错，就是"东坡肉"的"东坡"，因为它正是我创制的。我的人生实在是太精彩了：我在科举考试中一鸣惊人，之后拜官，我自认是一个很不错的官员，但职业生涯却不太顺利；我也是一个创造力旺盛的文学家，如果你一天读一首我的诗词，大约用八年才能读完；我还是一个格调超群的艺术家，书法、绘画都在行，好多作品都是博物馆里的宝贝呢；我更是一个精力旺盛的生活家，亲自躬耕、建造房屋，还会下厨、酿酒。只是，这看似惬意精彩的人生，并不是一帆风顺的，我随遇而安，活出了自己的一番天地，并记录下来，与你们一同分享。

基本信息

- **字**：子瞻、和仲
- **号**：东坡居士、铁冠道人
- **别称**：苏东坡、苏仙、坡仙、苏玉局
- **偶像**：陶渊明、韩愈
- **作品数量**：2700多首诗，约360首词，以及4000余篇文
- **朝代**：北宋
- **生卒年**：1037—1101年
- **出生地**：眉州眉山（今属四川）
- **诗风**：风格多样，豪放为主
- **存世书画**：《枯木怪石图》《前赤壁赋》《寒食帖》等

大事记

进京赶考，进士及第 → 担任凤翔府判官 → 出判杭州 → 乌台诗案 → 被贬黄州 → 奉召还朝 → 被贬惠州、儋州 → 获赦北归，途中病逝

喜好
吟诗作画
喝酒烹饪

外貌
身材高大，
留有胡须

官职
最高官职为
礼部尚书

自我评价
一蓑烟雨任平生

我们都是摩羯座

我们把苏轼的出生日期推算成公历（1037年1月8日），可以知道他是摩羯座。你知道吗？巧的是，在他的著作《东坡志林》中有这样一句："退之诗云：我生之辰，月宿南斗。乃知退之磨蝎（摩羯）为身宫，而仆乃以磨蝎为命，平生多得谤誉，殆是同病也！"退之，是韩愈的字。但这里的"磨蝎"是指星象中的磨蝎宫，并不是现在所说的摩羯座，古人认为身宫、命宫在此宫者，常多磨难。这段话大意是说韩愈和我的身宫同为磨蝎宫，所以我们的命运都差不多啊！

苏轼的家谱树

先祖：苏味道

苏味道（648—705年），唐朝官员，曾三次出任宰相。因擅长诗文，在当时被誉为"文章四友"之一。成语"模棱两可"便与他有关，形容处事圆滑，不明确表态。

祖父：苏序

苏序（973—1047年），字仲先。乐于交友，慷慨大方，曾经在荒年拿出家中储藏的粮食赈济灾民，在当地留有美名。生有三子：苏澹、苏涣、苏洵。

母亲：程氏

程氏（1009—1057年），大理寺丞、眉山富豪程文应的女儿，知书达理，十八岁嫁给苏洵，生下苏轼、苏辙等儿女，并悉心教导，帮助他们树立了正确的人生观、价值观。

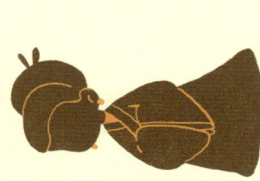

父亲：苏洵

苏洵（1009—1066年），字明允。北宋散文家，曾任秘书省校书郎、县主簿等低品级官职，死后被追赠为光禄寺丞。苏洵曾追修苏氏族谱，自称是唐朝宰相苏味道的后裔。

弟弟苏辙

苏辙（1039—1112年），字子由，号东轩长老，晚年自号颍滨遗老。十九岁时和哥哥苏轼一同参加科举中进士，此后走上仕途，曾动京城。为人谨慎内敛，擅长作诗写文，受父兄影响很深。

苏轼

妻子王弗

结发妻子，十六岁时嫁入苏家，性格沉静，聪明机敏，可惜二十七岁就因病离世。著名词句"十年生死两茫茫"就是苏轼写给她的。

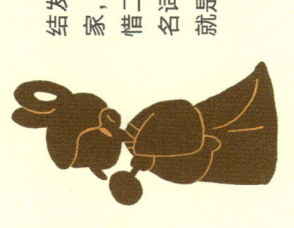

第一章 苏轼和他的时代

原来你是这样的北宋

让我们先去苏轼生活的时代看看。当年，苏轼从小城眉山来到东京开封府（今河南开封）参加科考，满眼所见，尽是大城市的富庶繁华：密布的河网上商船往来不绝，街道两旁的店铺鳞次栉比，市场上各种新奇物品让人目不暇接，茶坊酒肆热闹非常。开封府是历史上许多王朝倾心的建都地点，有"**开封古城，十朝都会**"的美誉。但在其"都城"史上，**只有北宋期间人口超过百万**，是这座古城最辉煌的时期。开封府的繁盛图景，也是北宋社会风貌的缩影。

960 年，北宋作为五代十国之后一个崭新的朝代建立起来，都城设在开封府，同时设有陪都西京河南府（今河南洛阳）、南京应天府（今河南商丘）、北京大名府（今河北大名），与东京开封府合称"四京"。从 960 年开国到 1127 年灭亡，北宋共存在了一百六十七年，历九任皇帝，最大疆域曾有二百八十万平方公里。单看统治面积，北宋还不到大唐的四分之一，但却在不到两个世纪内，成为中国历史上经济文化最繁荣的朝代，放眼全球，也是佼佼者。

优越的生活条件,让人们有更多精力从事创造发明。北宋的另一张"名片"便是"科技大国"——它是当时世界上产生发明创造最多的国家。"四大发明"中,火药、指南针、印刷术三大发明都是在这一时期得到发展应用。此外,航海、造船、医药、工艺、农技等领域的技术水平,也都达到了前所未有的高度。北宋是中国古代科学技术发展的高峰期。

人口增长和城市繁荣促进了商品贸易的活跃,刺激了经济发展,当时还出现了世界上最早的纸币"交子"。

北宋重视农业生产技术。初期,引进了东南亚地区的高产、早熟、耐旱的占城稻,并广泛种植。农业快速发展,不到两百年,北宋人口增长了三倍多!到北宋后期甚至出现了五十座十万户以上的超级城市。

社会经济繁荣、文化发达,让北宋绽放出巨大的魅力,与高丽、日本、越南等国往来交流密切。官方还特意开放对外通商港口,设立古代"海关"——市舶司来管理海上贸易,将中国瓷器和丝绸等产品出口到国外,又将香料、药材及宝石等引进国内,中西交流,异彩纷呈。

历史大事件

> 这就是苏轼生活的北宋：自由开放，包罗万象，各行各业蒸蒸日上。我们接下来看一看，北宋历史上与苏轼命运相关的几件大事。

重文轻武

960 年，宋太祖赵匡胤发动兵变，即帝位，国号宋。正因为自己是通过这样的手段赢得天下的，他格外重视对权力的掌握，加强"**中央集权**"。之后，北宋的统治者都压制武将、重用文臣。这种"**重文轻武**"的方针又引发两个问题：一是边境上的威胁，这让统治者始终不敢大意，便储备大量的士兵；二是为了壮大文官团队，增加科举取士的名额，录取得多了，职位也相应增加。

政府既要养兵，又要养官，尽管经济繁荣，但到后来支出还是大于收入。而且军士众多，反而得不到有效的训练管理，战斗力很低。长此以往，陷入恶性循环，北宋走到"积贫积弱"的困境。就像一个病人，高度繁荣的经济像是他光鲜的外表，但实际上身体早已被透支，一旦发病便无力回天了。朝廷也意识到问题，提出过治疗方案："**庆历新政**"和"**王安石变法**"。

庆历新政

庆历是北宋第四位皇帝宋仁宗的一个年号。他在位期间，与西北的西夏发生了多年战争，国内财政也很紧张，内忧外患。他下定决心要进行改革。首先，他物色了改革负责人——范仲淹。

范仲淹这个名字，你一定不会陌生。没错，他就是那个写出《岳阳楼记》，并凭借金句"**先天下之忧而忧，后天下之乐而乐**"而为人所熟知的著名文学家。他还有一个身份，那就是北宋朝的要员。1043年，范仲淹被宋仁宗从陕西前线调回朝廷，主持开展改革。

范仲淹不负所托，很快就拿出了一套改革方案，列出了改革清单，共有十件事，比如严格考核官员、改革科举制度、减轻百姓压力等。在皇帝的支持下，范仲淹大刀阔斧地执行改革，第一步就罢免了许多官吏。这下触犯了很多人的利益，仁宗也很难应对，**没到两年，就宣布新政废除**。范仲淹的改革方案在庆历三年提出，因此也被称作"庆历新政"。

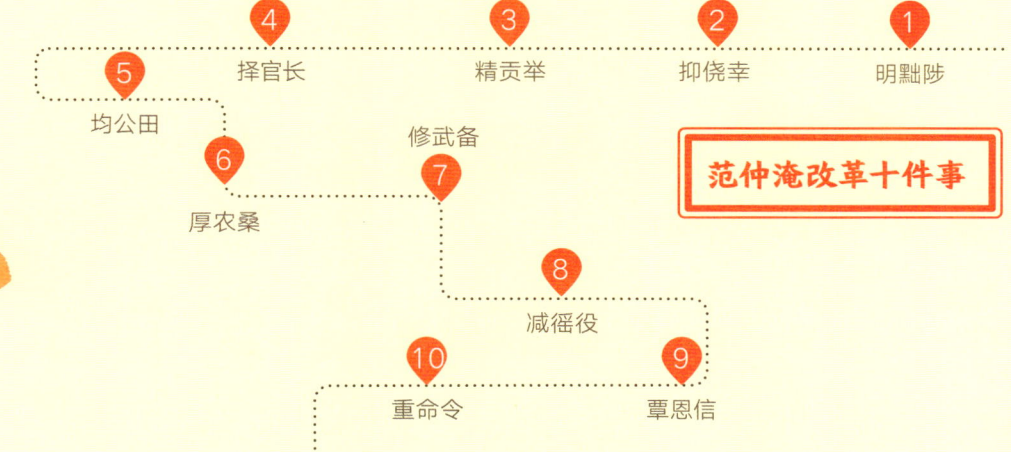

范仲淹改革十件事

1. 明黜陟
2. 抑侥幸
3. 精贡举
4. 择官长
5. 均公田
6. 厚农桑
7. 修武备
8. 减徭役
9. 覃恩信
10. 重命令

王安石变法

"庆历新政"推行不到两年便以失败告终,但它却是北宋著名政治改革——王安石变法的前奏。当时,**朋党之争愈演愈烈**。最初只是一些官员以观点"站队",再后来不论对错,只是把维护"小团体"利益作为标准,甚至不惜诋毁、打压对手。久而久之,一些无辜官员、百姓被波及,正常社会秩序被扰乱,国家产生危机。

苏轼通过科举,正式入仕为官,主要在神宗、哲宗时。和他的爷爷仁宗一样,神宗也一腔热血想要扭转北宋危机,方法依然是改革。宋神宗选中了他新提拔的官员——王安石,所以这次变法改革也被称作"**王安石变法**"。王安石的改革方案在当时很先进,比如实行信用贷款、贷粮促进农业生产(青苗法)、改革科举制(废明经、改明法科为新科明法)、灵活安排士兵训练和务农时间(保甲法)。但就像任何新鲜事物的诞生一样,总有保守力量阻挠,他们希望维持现状。这就需要有人更坚定地推行变法。后来,人们将变法的一方称为"新党",将反对变法的一方称为"旧党"。

我们可以简单地把这场前后持续五十多年的"新旧党争",理解为"新党"队和"旧党"队之间的"变法杯"足球赛,而统治者掌握着左右比赛的权力,让两队轮番登场。

仲裁:宋神宗 高太后 宋哲宗

"新党"队代表:王安石 蔡京 吕惠卿 曾布 章惇

"旧党"队代表:司马光 韩琦 曾公亮 欧阳修 苏轼

第一轮比赛 　主场仲裁：宋神宗

 举报"旧党"队有犯规动作！　　判罚苏轼等人出场，贬谪出京！

 由于推行新法，民间出现负面效应！　　两次判罚王安石罢相下场！

比赛结果：王安石辞去宰相之位，隐居江宁（今江苏南京），宋神宗亲自主持变法。

第二轮比赛 　主场仲裁：高太后

 召回"旧党"队代表重新上场参赛，废除全部新法！

比赛结果："新党"队的章惇、蔡确等人被排挤，贬谪出京。

主场仲裁：宋哲宗　**第三轮比赛**

 宋哲宗：推行新法，拜章惇为左相！

比赛结果：贬斥数十人，其中苏轼被一贬再贬，去到儋州。

北宋"变法杯"大赛就此落下帷幕，没有绝对的赢家。**在各方耗尽心力的党争过程中，北宋政局动荡，病入膏肓**。宋哲宗之后，宋徽宗、宋钦宗相继即位。与此同时，崛起的金国先是大败辽国，又在1127年攻破开封府的城门，徽钦二帝被劫走，宣告了**北宋的灭亡**。

13

文人的黄金时代

北宋除了经济繁荣，文化也获得高度发展，这是千百年来公认的。我国著名史学大家陈寅恪先生就曾评价说中国文化"造极于赵宋之世"。在他看来，宋代是中国历史上的文化鼎盛时期。

北宋不仅出现了活字印刷术，还推广普及雕版印刷术，使图书流通、知识传播的速度大大超越了前代；自开国起的"重文轻武"方针，也让文人的地位上升到历代以来最高。这都给北宋文化走向辉煌灿烂提供了重要条件。在文学、史学、哲学、艺术等各个领域，呈现硕果累累、群星闪耀的景象："唐宋八大家"中，北宋占六位，除"三苏"外，还有欧阳修、王安石、曾巩；诞生了书法"宋四家"——苏东坡、黄庭坚、米芾、蔡襄；哲学领域的代表是"北宋五子"周敦颐、邵雍、张载、程颢、程颐。在整个中国文化历史上，北宋文人及其取得的成就是相当耀眼的。

古文运动

唐朝，由韩愈、柳宗元发起的"古文运动"提倡恢复先秦和汉朝时的质朴文风，主张"文以载道"，反对用华丽的词语过度修饰文章、刻意追求形式上的整齐。北宋也继承了这一文风，由欧阳修引领，掀起古文创作的风潮，王安石、曾巩、苏洵、苏轼、苏辙等人也是其中的代表。这些人无论是在政治上，还是在文学领域，都颇有建树。这是北宋文人的一大特点。

词的崛起

在中国文学史上，宋词绝对是一颗耀眼的明珠。北宋词人辈出，流派纷呈，成就斐然。**早期以欧阳修、晏殊、柳永为代表**，作品用词优美，多写闲情雅致，特别是柳永，擅长创作节奏舒缓的慢词，内容多以都市繁华、市井风貌为主。到了苏轼这儿，**词的表达方式有了很大突破**。如果把宋词比作一场盛宴，那柳永端上来的是小火慢炖的菜，味道醇香，需慢慢品味；苏轼端上来的却是爆炒快烹的菜，味道浓郁，需要大快朵颐。苏轼的词豪放大气，提升了词的意境，意义非凡。

书画双绝

书法和绘画是我国的传统艺术，到了北宋更是发展到堪称顶峰的程度。书法方面，以"**苏（轼）、黄（庭坚）、米（芾）、蔡（襄）**"为人所称道，四人中，除了蔡襄偏爱楷书，其他三人更擅长行草、行楷。另外，薛绍、蔡京、赵佶、文彦博、王安石、司马光等也是北宋颇有影响力的书法家。绘画方面，意境悠远、表现真实的山水画在这一时期达到全盛，也涌现出一批绘画大家。其中，董源、李成、范宽在山水画方面三家鼎立，李公麟擅长画马和人物，张择端则以《清明上河图》名垂千古。

大宋之"美"

有些东西，人们一眼看去，便知道这是宋朝的。让我们借由传世瑰宝，一起发现大宋之"美"的独特之处吧。

"文艺皇帝"宋徽宗

宋徽宗赵佶在位二十五年，政治上虽然表现平平，但在艺术领域却成绩斐然，可以说是帝王界艺术造诣最高的一位。书法上，他自成一格的"瘦金体"可与四大家媲美；绘画上，其花鸟画完全可以独当一面。作为一位"跨界"艺术家，他不仅擅长书画诗词，对瓷器、茶学、音律、金石学等也有研究，在古琴、蹴鞠、击鞠、打猎、射箭、马术等方面亦有涉猎，难怪后人讽刺说，赵佶什么都做得来，唯独不会做皇帝！（"宋徽宗诸事皆能，独不能为君耳！"）

宋代美学之"高级"

《千里江山图》

现存地：故宫博物院

这是一幅描绘锦绣山河的壮丽画卷，是绘画天才王希孟在十八岁时用半年时间完成的。可惜的是，他二十多岁就离开了人世，这也成为他唯一存世的作品。它使用石青、石绿等矿物颜料创作，最终颜色是经过多次叠加晕染才呈现出来的，生动诠释了"青出于蓝而胜于蓝"。而为了保护画作的颜色，从1949年到现在，此画极少对公众展出。

西园雅集

"雅集"在古代专指文人雅士吟咏诗文、议论学问的聚会，灵感的碰撞常常能激发创作的火花。著名的东晋"兰亭雅集"成就了王羲之的千古名篇《兰亭集序》。此后历朝历代，都有这样将文人组织到一起交流的形式，一些雅集也因为有名家的参与或者名作的产生而名声大噪。北宋驸马都尉王诜的府邸西园，就经常举办这样的聚会，苏轼、苏辙、黄庭坚、米芾、晁补之、张耒、秦观等人都是座上客，史称"西园雅集"。

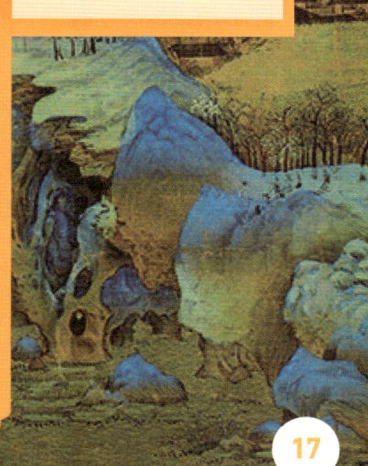

宋代美学之"名贵"

真珠舍利宝幢

现存地：苏州博物馆

这是一件珍贵的佛教艺术品，也是一件"收纳"用具，其中存放的是高僧火化后的骨烬——舍利。这件容器外部用水晶、玛瑙、琥珀、珍珠、檀香木、金、银等七种名贵的材料制作而成，仅珍珠便有4万多颗，塔顶还有一颗水晶宝珠。宝幢上的17尊人物塑像也刻画得极致传神。

复制品

宋代美学之"极简"

汝窑天青釉盏托

现存地：河南博物院

汝窑位居宋代五大名窑之首，传世瓷器不足百件，十分珍贵。这件看似简单的盏托，最贴近宋代清雅含蓄的风格。"雨过天青云破处"的淡青色调，也是北宋烧制瓷器最喜欢采用的色彩，向我们生动诠释了"简单就是美"的理念。

宋代美学之"精湛"

定窑白瓷孩儿枕

现存地：台北故宫博物院

中国瓷器的制作技艺在宋朝达到了顶峰，出现了汝窑、官窑、哥窑、定窑、钧窑五大名窑，其中定窑的白瓷烧制技术处于领先地位。这个用白瓷做成的枕头，采用了孩童的外形，眼神、姿势、五官、衣物全都惟妙惟肖，是中国瓷器尤其是定窑白瓷的顶级作品。

苏轼大事记

苏轼的"粉丝"、当代著名作家林语堂在他的《苏东坡传》中写道:"他（苏轼）是在北宋最好的皇帝（仁宗）当政年间长大，在一个心地善良但野心勃勃的皇帝（神宗）在位期间做官，在一个十八岁的呆子（哲宗）荣登王位之时遭受贬谪。"北宋既为苏轼这个生活家、发明家、乐天派提供了广阔的发展空间，也让他的人生跌宕起伏。

天赋显现

1037年，苏轼出生在四川眉山，这是一个距离成都不远，风光明丽的小城。城郊有一条像玻璃一样透明的江流过，当地称为"玻璃江"，沿岸风景宜人，所以也有人称眉山为"小桃源"。苏轼整个少年时期，都是在这里度过的。

苏轼自幼活泼好动，聪明伶俐。七岁开始读书，八岁就进了当地的天庆观北极院读书，老师是道士张易简。近百名学生里，老师最赏识苏轼，说他聪明，为全院之冠。据说，这让小苏轼有些飘飘然，他在自己房前题了一副对联："**识遍天下字，读尽人间书**。"后来有人拿着古书来请教，苏轼却不认得书中的字，很是羞愧，便添字将对联改成"**发奋识遍天下字，立志读尽人间书**"，用以自勉。谦虚加勤奋，苏轼十岁时，已经能开笔做文章了。

学霸养成

苏轼少年时，父亲经常外出游学，母亲程氏负责家中孩子的教育。程氏出身读书人家，眼界不凡。她教苏轼读《后汉书·范滂传》时，苏轼被范滂以死相争、追求真理的事迹所感动，问母亲自己能否做范滂这样的人。程氏说，你若能做范滂，我也可以做范滂的母亲。

苏轼十三岁这一年，父亲苏洵回家了，将后园书斋"南轩"更名为"来风轩"，悉心教导两兄弟读书向学，经常给他们讲自己游学的经历。直到苏轼成年后，还会回忆起父亲检查功课时自己心虚的模样（"**父师检责惊走书**"）。两兄弟成年后，苏洵带他们出川，拜访名师大家，增长见闻。正是天赋加严父慈母的教导，才成就了后来的"学霸"。

一举成名

1056年，苏洵带两个儿子进京赶考，还顺路拜访了益州（四川成都）知州张方平——若想仕途平坦，名官重臣的推荐必不可少。张方平十分赏识父子三人，就将他们推荐给在京城为官的欧阳修，欧阳修又将他们推荐给当时的宰相韩琦。第二年正月，苏轼以一篇《刑赏忠厚之至论》与弟弟同科进士及第。三苏名满京城，欧阳修更是高度评价苏轼，说他"**他日文章必独步天下**"。苏轼果真从此"一举成名天下知"。

人生如逆旅

金榜题名后，还没等好消息传回眉山，母亲程氏就病故了。兄弟二人在家为母亲守孝三年后，1060年举家搬到了京城。苏洵谋得校书郎的官职，后来又被派去编写礼节。苏轼和苏辙对安排给他们的工作并不满意，参加了制科试。试后，苏轼被任为凤翔府判官，算是凤翔府的第三号人物（前两位是知府和通判），就此开启了自己的官宦生涯。然而，谁都没想到这是一条异常艰辛、几经波折的仕途之路。

乌台诗案

我们送别即将远行的朋友时,常会祝他"一帆风顺",而苏轼送别至交钱勰时却说:"**人生如逆旅,我亦是行人。**"(《临江仙·送钱穆父》)这是给历经坎坷的朋友的托寄,也是苏轼一生的总结:人生就是一趟艰难的旅程,你我都是那匆匆过客。

从 1065 年开始,苏轼接连经历妻子王弗病逝、父亲苏洵去世的打击。回家乡服丧后,他于 1069 年回到汴京,此时的政坛已是"山雨欲来风满楼"。北宋历史上最著名的"王安石变法"即将拉开帷幕。

苏轼因与变法一派政见不合,被排挤出京为官。好在苏轼从来不是一个自怨自艾的人,无论被贬到哪儿都积极面对:在杭州,他疏浚六井,为当地赈灾奔走,写下"**欲把西湖比西子,淡妆浓抹总相宜**"的名句;在密州,他治理蝗灾,祈雨求福,留有《江城子·密州出猎》;在徐州,他勤于理政,抗洪救灾,深得民心……

1079年，苏轼到湖州任知州，按惯例，到达新岗位后要给皇帝写一封信表示感恩。可就在这封《湖州谢上表》中，苏轼实在没忍住，发了几句牢骚：我深知自己愚笨不合时宜，终究无法跟随那些新提拔之人；我年纪大了，不至于多生事端，但或许还能治理教化小民吧……就是这简单的几句话，却被变法派抓住把柄，说他"愚弄朝廷"，在皇帝面前煽风点火。最终皇帝命令把苏轼捉捕回京，投入牢狱，一待就是一百多天，被提审十几次。好在安给苏轼的许多"莫须有"的罪名都立不住脚，加上好友奔走营救，连太皇太后曹氏都出面为苏轼说话，案情才变得明朗。最终宋神宗"开恩"，将苏轼贬谪到黄州。这是苏轼为官以来的第一次重大危机，人们后来将他此次经历称为"乌台诗案"。

乌台

汉朝时，御史府里有很多柏树，柏树上常落很多乌鸦，后世便称御史府为乌府，御史台为乌台。此次审理苏轼，是由执掌监察的官员"御史"发起的，他被捕后的审理也是在御史台展开，便以"乌台诗案"代指此案。

"东坡"出世

苏轼在黄州做的是"团练副使",也就是地方军事助理,但"不得签书公事",也就是不让他处理政务,这是一个常用来安置被贬官员的虚职。又一次被贬,加之黄州是如此贫穷,苏轼颇受打击。被贬官员的工资很少,二十多口人的大家庭生活捉襟见肘。但毕竟"秉性难改",骨子里的乐天派性格,让他很快找到了安然自处的办法。**这位天生的社交达人想方设法自得其乐**,无论是和文人商贾还是和渔父樵夫,都能打成一片。他结识了陈慥、潘丙、王齐愈、徐君猷等一众好友,大家畅饮出游,谈天说地,苏轼还借陈慥的家事,创造出"河东狮吼"的典故。

精神上富足了,物质却并不宽裕。好在友人帮他申请到城东小山坡上的一片空地,苏轼便带领家人垦荒,自己动手,丰衣足食。苏轼称这块荒地为"东坡",自称"东坡居士"。他又在东坡旁盖了一座屋舍,因在雪天落成,故名"雪堂"。面对此情此景,苏轼不由想起了田园生活的"鼻祖"陶渊明。**躬耕生活,让他觉得与偶像无比接近**。

田园生活"治愈"了苏轼,他也用高产的诗、词、赋、散文、书画,给黄州生活画上圆满的句号。

1082年,苏轼写下了《念奴娇·赤壁怀古》《前赤壁赋》《后赤壁赋》。同年的寒食节,他挥毫留下有"天下第三行书"之称的《寒食帖》,三天后,又写下了那首著名的《定风波》(莫听穿林打

"东坡"

唐朝诗人白居易在忠州任刺史期间,曾在忠州城东山坡开垦荒地种花,并写有《步东坡》诗等以表达闲情逸致。苏轼沿引了白居易的名称,但他躬耕却是为生存所迫。多年后,苏轼的"东坡"名气盖过了白居易的原创,成了中国人耳熟能详的名字。

叶声），**苏轼以一己之力成就了文学史上神奇的一年**。除此之外，他还在黄州完成了《易传》九卷，开启了《书传》的写作。黄州五年，让苏轼获益终身。

奉召还朝

1084年，来自京城的消息打破了苏轼在黄州的宁静生活。原来宋神宗回心转意，想重新起用苏轼，让他到汝州任官。第二年，北宋时局发生巨变，宋神宗去世，八岁的宋哲宗即位，支持"旧党"的高太后垂帘听政，这一切都隐隐预示着，苏轼的春天要来了！

果然，苏轼在登州做了五天的知州就被召回京城，任礼部郎中，接着在四个月内连续两次升迁。1086年9月，苏轼又升职了，这次是三品官翰林学士知制诰——这通常是副宰相候选人的象征。次年8月，苏轼兼任经筵侍读，成了皇帝的老师……

苏轼从一个快被遗忘的贬官，摇身一变成为朝中红人，不过是一年多的事情，却恍如隔世。回到政治旋涡之中的他，**毫无意外地又成为众矢之的**。主要原因还是他在复职期间改革了官员制度，重整了科举制度，侵害到了一部分当朝大臣的利益。政敌们不停地上书弹劾苏轼，他疲于应付。1088年，心灰意冷的苏轼开始不断请求外任，两年之内，从杭州任上回到京城，又从京城去到颍州、扬州。苏轼每到一个地方，都为当地百姓谋了一些福利，也享受了一段难得的清闲。

一贬再贬

1093年，宋哲宗开始亲自处理朝中政事，他要恢复神宗时期的改革方案，起用新党。这次，苏轼再也没能"翻身"，走进人生最黯淡的一段时光。苏轼先是被取消了各种名誉头衔，朝廷又连下数道诏令，将他一贬再贬。苏轼的仕途像坐滑梯一样飞速走向终点。1094年10月，他来到自己贬谪生涯的重要一站惠州。

惠州位于广东，当时，惠州并不像今天一样是南国旅游胜地，那里四季湿热，不适宜居住。只不过在苏轼这里，这些不是问题。他很喜欢当地丰富美味的水果，百吃不厌，还迷上了酿酒，贬谪生活被他过得有滋有味。1097年4月，惠州的荔枝还没熟，苏轼又收到了最新"指示"：前往儋州。

儋州就是今天的海南，从汉朝到明朝，被贬谪到这里的官员总共也不过十五人，苏轼"有幸"成为其中一员。而此时的苏轼已经是六十多岁的老人，这一次，他一定"无力回天"了吧？但是，苏轼又让敌人"失望"了。身为贬官，他依旧尽职尽责，将中原的农耕和医学技术传播给当地百姓。而他最大的贡献，当数教育。对有心求学的人，苏轼多加指点，于是越来越多的人前往儋州向苏轼讨教。海南有史以来第一位进士符确，就是苏轼的得意门生。此外，苏轼还笔耕不辍，撰写了十三卷《书传》和五卷史学批评专著《志林》，留下了宝贵财富。

1100年，宋哲宗去世。宋徽宗即位，大赦天下，免除部分人的刑罚。苏轼正在此次赦免的名单之中。这年6月，苏轼的"逆旅"终于宣告结束，他作别当地朋友，启程北归。

小舟从此逝

朝廷诏令苏轼去广东廉州,不久后又下旨准许他到湖南永州居住。苏轼坐船渡过琼州海峡时,高兴地作诗道:"**参横斗转欲三更,苦雨终风也解晴。云散月明谁点缀,天容海色本澄清。**"天空与海水本来就是澄澈清明的,不需要外力的洗刷。六年的贬谪生涯,苏轼始终坚信终有一日能证明自己的清白,这一天终于来到了。

按理说,接到诏书的苏轼应该是归心似箭,想快马加鞭地离开这个伤心之地,但他却一路慢悠悠地兜兜转转,花了近一年的时间才到江苏,此时六十四岁的他早已厌倦了朝廷中的钩心斗角,只想安度晚年。好友米芾听说苏轼到访的消息,特地赶来看望,两人同游。本就因喝了河水闹肚子的苏轼,与朋友彻夜长谈之后,病情加重了。之后,苏轼去了常州。1101年8月的一天,苏轼的病情更严重了,高烧不退。弥留之际,他把三个儿子叫到床边,平静地安慰他们:"吾生无恶,死必不坠。"

苏轼病逝的消息很快传遍了全国,百姓们闻之悲伤不已。遵照苏轼的遗嘱,弟弟苏辙将他安葬在河南的小峨眉山。十几年前的一个雨夜,兄弟两人曾经在这里秉烛长谈,成为苏轼后来念念不忘的美好回忆。

因为政见不同,在宋徽宗时期,苏轼一度成为"禁忌",作品不许在民间流传,甚至连他弟子的作品也一并被销毁。北宋灭亡后,宋徽宗的儿子、南宋开国皇帝宋高宗认可了苏轼,恢复了他生前的种种荣誉,后来的宋孝宗又赐给苏轼"文忠"的谥号。**文采纵横盖世,为官忠正耿直**,正是苏轼一生的最佳写照。

第二章 苏轼阅读指南

第一节

苏轼的"诗世界"

在苏轼全部传世文学作品中,诗的数量超过三分之一,风格多样,既有理性思考,又有感性抒发,让我们一起走进苏轼的"诗世界"一探究竟。

唐诗与宋诗

苏轼不仅是一位杰出的词人，也是一位高产的诗人。苏轼很早就开始写诗了，甚至远早于词的创作。在他全部传世的文学作品中，诗的比重超过三分之一，数量比词多出七倍有余。为了更好地理解苏轼的诗，让我们先从唐诗与宋诗的区别讲起。

宋朝人也喜欢写诗？

现代人将宋词与唐诗并称，你可能以为宋朝人只擅长写词，却不知很多宋朝文人写诗也不在话下。那么宋诗与唐诗相比，有什么区别呢？我们就从两首诗说起吧。

唐朝开元年间，李白出游金陵途经庐山，写下名诗《望庐山瀑布》。300多年后，苏轼被贬汝州，与友人同游庐山，留下传唱千古的《题西林壁》。

同样写庐山，两人的写法却截然不同。李白像个电影导演，通过近景远景的切换，再加上"特效"展现"银河落九天"般的奇观。苏轼则像个纪录片导演，没有花哨的镜头语言，只是带领我们从各个角度细细观察庐山，并点明一些道理。

通过这两首诗可以看出一些唐朝诗人与宋朝诗人对诗歌创作的不同追求。唐人写诗更**追求意境**，词句更是"**语不惊人死不休**"，且喜欢用比兴的手法，像是个绘声绘色讲故事的朋友。宋人写诗则**更注重细节、揭示道理**，用词更**平实准确**，而又能让人从平淡无奇的事物中琢磨出意趣。问题来了，为什么从唐诗到宋诗会发生这样的变化呢？

站在唐诗的肩膀上

唐诗在几百年间发生过一些变化，出现了很多流派，有像白居易一样用词平实清雅的，也有像贾岛一样每个字都反复推敲的，还有像李商隐一样喜欢在诗中运用大量典故的……宋初许多文人都将他们作为自己学习的对象，如文人林逋的"**暗香浮动月黄昏**"，宰相寇准的"**野水无人渡，孤舟尽日横**"，都有唐诗的影子。

站在唐朝诗人的肩膀上,宋朝文人一直在寻求突破,想要找到属于自己的风格。但开始时,难免过度模仿。例如,宋初文人一度十分推崇李商隐。他的诗作特点之一,就是一首诗中运用大量典故,不直接表达情感,像个精致的古装美人,身上每一处装饰皆有来历,浑然一体又让人捉摸不透。宋初一度形成一种用词华而不实的诗风,堆砌典故而不讲求真情实感,诗成为一种有字无句的文字游戏,失去了它原本的神采。

如宋代诗人杨亿有一首七律《汉武》:

蓬莱银阙浪漫漫,弱水回风欲到难。光照竹宫劳夜拜,露漙金掌费朝餐。力通青海求龙种,死讳文成食马肝。待诏先生齿编贝,那教索米向长安。

这首诗几乎句句用典,非常难懂,甚至让人忽略了主题。

此后,为了纠正一味模仿前人的写作模式,以及一些不良文风,也为了突破唐诗的藩篱,开创属于自己的风格,苏轼的老师欧阳修及同时代文人一同发起了一场诗文革新。欧阳修比较推崇韩愈的散文,提出写作应当像唐朝文学家韩愈那样取材于生活,"**资谈笑,助谐谑,叙人情,状物态**",要真情实感而不要脱离现实。"**以文为诗**",让诗歌更加散文化的风格也逐渐形成。待到苏轼步入文坛之时,宋诗已经粗具风格。

宋诗的新诗风

宋朝文人对宋诗进行了创新,形成了新诗风。

首先,宋朝人将日常生活纳入题材。相较于大部分唐诗,宋诗的**内容更贴近生活**,连一些生活琐事、日常细节都会被写入诗中。苏轼就曾将水车、秧马等寻常事物作为诗的主题。即便是写山水诗,也往往落脚于和朋友交游时的感受,情感表达十分细腻。

无锡道中赋水车
[宋]苏轼
翻翻联联衔尾鸦,荦荦确确蜕骨蛇。
分畦翠浪走云阵,刺水绿针抽稻芽。
洞庭五月欲飞沙,鼍鸣窟中如打衙。
天公不见老农泣,唤取阿香推雷车。

在用词方面,宋人也更口语化、日常化,诗人写得平实,大家读得通畅而没有距离感。

四时田园杂兴（其二十五）
[宋]范成大

梅子金黄杏子肥，麦花雪白菜花稀。
日长篱落无人过，惟有蜻蜓蛱蝶飞。

除了平易、日常的特点，宋诗尤其**强调说理与议论**。除了叙事和抒情，宋人给诗歌找到揭示道理、引人思考的"功能性"。因此宋朝出现了很多立意新奇、角度特别的诗歌，发人深省。

这些，恰恰都在苏轼的诗中有所体现。比如前文提到的"**不识庐山真面目，只缘身在此山中**"。

观书有感
[宋]朱熹

半亩方塘一鉴开，天光云影共徘徊。
问渠那得清如许？为有源头活水来。

嬉笑怒骂皆可入诗

> 写诗是苏轼日常生活的一部分,一有灵感便提笔,从不"为赋新词强说愁",这样的习惯一直坚持到老。他的诗歌不拘一格,题材的丰富程度甚至远超散文与词作,既有理性思考,又有感性抒发,可谓嬉笑怒骂皆苏轼。

以诗作剑——政治讽喻诗

苏轼在许多州郡做过官,非常了解民间疾苦。如果把苏轼比作一名侠客,那诗作就是他手中的剑,直指社会不公、政治乱象。

在他笔下,北方遭受蝗旱之灾的农民"**泪入饥肠痛**";南方水灾侵袭下的百姓"**哀哉吴越人**";为招抚西北部,百姓背负着"**官今要钱不要米**"的沉重赋税,有苦难言。他惦念民众疾苦,即便身在湖光美景中,也不忘关注百姓。1060年的春天,苏轼去往京城经过许州(今河南许昌)西湖,被地方官不顾连年饥荒,调集百姓挖掘西湖的故事所触动,感慨"**但恐城市欢,不知田野怆**"。

苏轼晚年所作的《荔枝叹》也是这类诗的代表作。荔枝在古代是珍贵的贡品,跨越千山万水,从南方运到北方都城。为了让荔枝新鲜得像刚从枝头摘下来的一样,不计其数的百姓为此奔波丧命。正如诗中所言,是"**宫中美人一破颜,惊尘溅血流千载**"。而类似苦难在苏轼生活的时代仍有发生——"**君不见,武夷溪边粟粒芽,前丁后蔡相笼加。争新买宠各出意,今年斗品充官茶**"。宋朝茶业发达,福建等地的贡茶尤其出名,这里的"前丁后蔡",指的是曾在朝中担任过宰相的丁谓与大书法家蔡襄。苏轼整首诗由荔枝旧事引出感慨,借古讽今。

荔枝叹

十里一置飞尘灰,五里一堠兵火催。

颠坑仆谷相枕藉,知是荔枝龙眼来。

飞车跨山鹘横海,风枝露叶如新采。

宫中美人一破颜,惊尘溅血流千载。

永元荔枝来交州,天宝岁贡取之涪。

至今欲食林甫肉,无人举觞酹伯游。

我愿天公怜赤子,莫生尤物为疮痏。

雨顺风调百谷登,民不饥寒为上瑞。

君不见,武夷溪边粟粒芽,前丁后蔡相笼加。

争新买宠各出意,今年斗品充官茶。

吾君所乏岂此物?致养口体何陋耶!

洛阳相君忠孝家,可怜亦进姚黄花。

万物可爱——咏景咏物诗

苏轼的仕途起起落落,但他始终保持平和的心态,保有一双发现美的眼睛,也让我们看到了世间万物的可爱之处。

1071年,人到中年的苏轼被外放到杭州做通判,杭州秀丽的湖山多少排解了诗人内心的郁郁寡欢。一首《饮湖上初晴后雨》尤其能说明他当时的惬意:

> 水光潋滟晴方好,山色空蒙雨亦奇。
> 欲把西湖比西子,淡妆浓抹总相宜。

苏轼与友人游西湖,早晨天气晴朗,湖面波光粼粼,待到傍晚下起蒙蒙细雨,不远处的群山在雨雾之中若有若无。西湖恰似美人西施一般,无论阴晴云雨,或是浓妆淡妆,都是美好的。诗人面对美景展现出的洒脱与随性,恰恰与年轻时写许州西湖的诗句形成了鲜明对比。

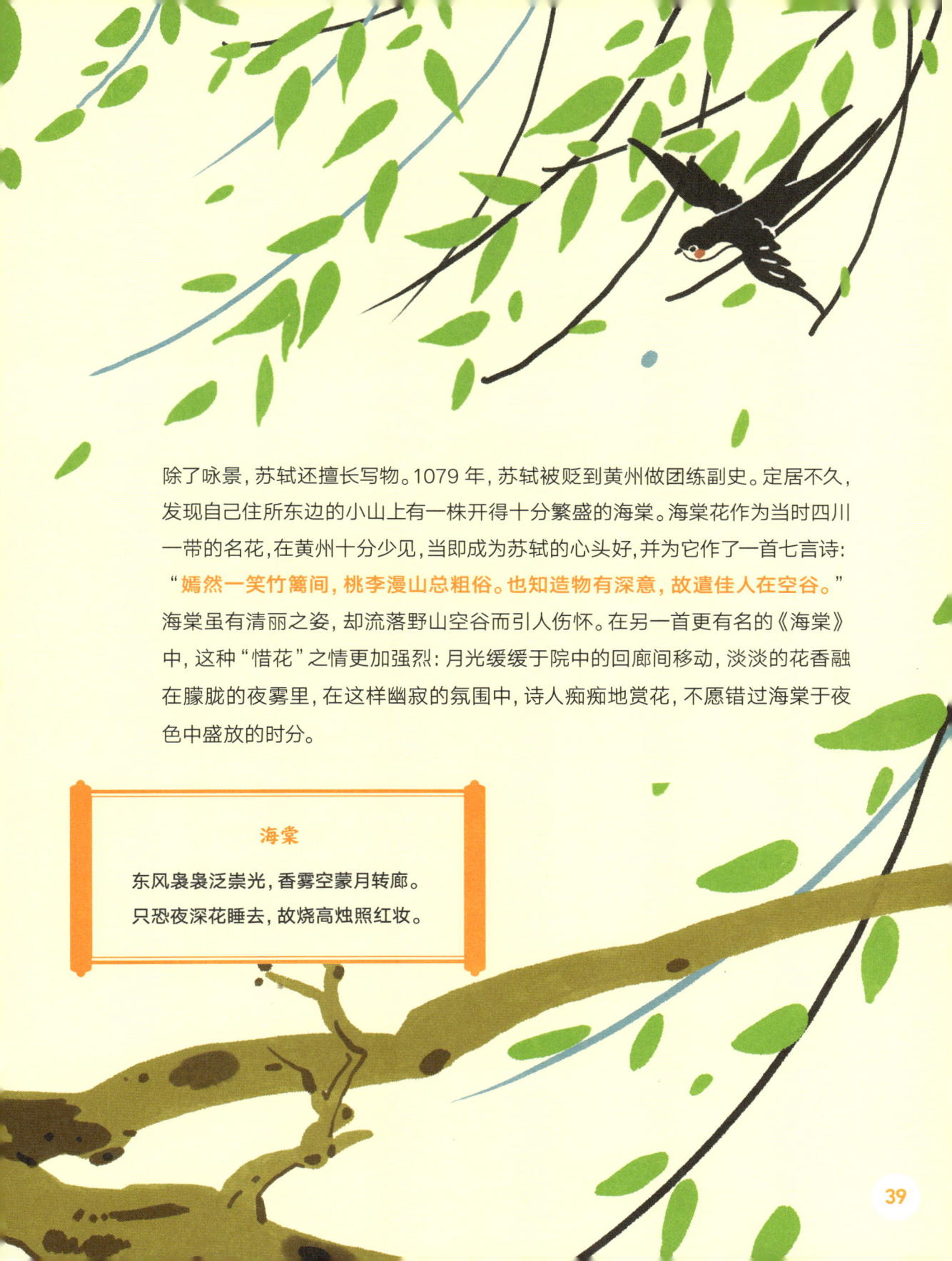

除了咏景,苏轼还擅长写物。1079 年,苏轼被贬到黄州做团练副史。定居不久,发现自己住所东边的小山上有一株开得十分繁盛的海棠。海棠花作为当时四川一带的名花,在黄州十分少见,当即成为苏轼的心头好,并为它作了一首七言诗:"**嫣然一笑竹篱间,桃李漫山总粗俗。也知造物有深意,故遣佳人在空谷。**"海棠虽有清丽之姿,却流落野山空谷而引人伤怀。在另一首更有名的《海棠》中,这种"惜花"之情更加强烈:月光缓缓于院中的回廊间移动,淡淡的花香融在朦胧的夜雾里,在这样幽寂的氛围中,诗人痴痴地赏花,不愿错过海棠于夜色中盛放的时分。

海棠

东风袅袅泛崇光,香雾空蒙月转廊。
只恐夜深花睡去,故烧高烛照红妆。

写诗就像写日记

翻看苏轼的诗作，简直就像打开了他的日记本，人生中的大事小情都能从诗作中找到痕迹。苏轼用一篇篇诗作，拼成了他的个人传记。

最能体现苏轼诗歌"日记"属性的就是他的"诗题"。唐代诗人如白居易、杜甫也曾写过日记型的诗，但都不如苏轼的诗题这么直截了当。只要看一眼诗题，时间、地点、事由、人物的基本信息等，就掌握得七七八八了，比如这下面这个：

正月二十日与**潘郭二生出郊寻春**忽记去年是日同至女王城作诗乃和前韵

时间：正月二十；**地点**：郊外；**人物**：潘郭二人；**事由**：春游。

在《谪居三适》中，苏轼细细记录自己晨起洗漱"**一洗耳目明，习习万窍通**"，午间休憩"**身心两不见，息息安且久**"，晚上泡脚"**瓦盎深及膝，时复冷暖投**"。从早到晚，把点滴时间都安排得妥当舒心，谪居生活似乎也就不难熬了。

这碎碎念的风格，是因为苏轼喜欢把写诗当成写流水账吗？当然不是啦，若不是关注生活、热爱生活，纵使有一杆妙笔，也写不出好诗来。这些充满日常情趣的小诗是用诗人的性情淬炼的，这些看似平凡的浪漫时刻，也恰恰是他笑对人生艰难困苦的"秘籍"。

在黄州，江里的肥鱼、山上的竹笋都让他觉得如获至宝。

初到黄州
自笑平生为口忙，老来事业转荒唐。
长江绕郭知鱼美，好竹连山觉笋香。
逐客不妨员外置，诗人例作水曹郎。
只惭无补丝毫事，尚费官家压酒囊。

惠州一绝
罗浮山下四时春，卢橘杨梅次第新。
日啖荔枝三百颗，不辞长作岭南人。

到了惠州，从卢橘到杨梅，把当地水果一通夸赞。四季新鲜水果不断，但他独独钟爱荔枝。

吃螃蟹更不用提，他最有心得——最美味的一定是蟹黄与螯内的蟹肉。

丁公默送蝤蛑
溪边石蟹小如钱，喜见轮囷赤玉盘。
半壳含黄宜点酒，两螯斫雪劝加餐。
蛮珍海错闻名久，怪雨腥风入座寒。
堪笑吴兴馋太守，一诗换得两尖团。

籴米
籴米买束薪，百物资之市。
不缘耕樵得，饱食殊少味。
再拜请邦君，愿受一廛地。
知非笑昨梦，食力免内愧。
春秧几时花，夏稗忽已穟。
怅焉抚耒耜，谁复识此意。

苏轼还把一些生活琐事也写到诗里，认为只有自食其力得来的食物才有滋味。

学苏诗"讲道理"

用诗讲道理，可是个十分讲求技巧的事儿，不然写着写着就失去了诗的意境，变成枯燥的说教了。苏轼一生经历五朝，足迹几乎遍及当时重要的州郡，丰富的阅历也让他总结出许多人生经验，并寄寓诗中。

横看成岭侧成峰

说到苏轼的哲理诗，首推他登庐山时写的《题西林壁》，与这首诗有异曲同工之妙的是《唐道人言天目山上俯视雷雨每大雷电但闻云中如婴儿声殊不闻雷震也》。在诗题中，苏轼就提到前人曾在著作中记载天目山上住着雷神，每次下雨总能于山顶的云间听到雷声。待到诗人亲自游山，不由发出感慨，区区雷电怎么就成了神呢？山上人听闻雷声犹如婴儿啼哭，山下人听来却十分响亮。对同一自然现象得出的不同认识，不仅因为所处位置不同，亦因为心态不同。

唐道人言天目山上俯视雷雨每大雷电但闻云中如婴儿声殊不闻雷震也

已外浮名更外身，区区雷电若为神。
山头只作婴儿看，无限人间失箸人。

春江水暖鸭先知

苏轼为僧人惠崇的《春江晚景》图所题诗为世人口口相传。早春时节，水中嬉戏的鸭子灵动地展现了大地回春之感，河滩上铺满了蒌草，芦苇也抽出了嫩芽，春江水暖河豚洄游。苏轼敏锐地捕捉到了季节转换时的细微特征，读到这首诗，即便身处寒冬腊月，人们也会被拉到生机勃勃的春天。

"一年好景君须记，正是橙黄橘绿时。"苏轼将荷尽菊残的秋日写得生机盎然，勉励朋友困难只是一时，残秋也有好景。类似的诗句还有"春宵一刻值千金，花有清香月有阴"，春夜短暂美好，劝告人们珍惜时间的宝贵。

春宵

春宵一刻值千金，花有清香月有阴。
歌管楼台声细细，秋千院落夜沉沉。

应似飞鸿踏雪泥

这些哲理诗中，最有名的莫过于《和子由渑池怀旧》。1061年，初入政坛的苏轼赴陕西凤翔做官，他的弟弟苏辙送他到郑州，然后返回京城开封，寄给他一首《怀渑池寄子瞻》。诗人想到聚散无常，一时心生感慨，写下这首和诗，其中最脍炙人口的莫过那句"人生到处知何似？应似飞鸿踏雪泥"。鸿是候鸟，随着季节的变换迁飞。相对于时间的浩瀚，人生恰似飞鸿在雪上留下爪痕那样充满了偶然性。这样的人生仍然是有意义的吗？虽然留下爪痕的飞鸿已然不见，但诗人仍能循着"雪泥鸿爪"的痕迹回忆往事。相对于漫长的人生，生命中的挫折又何尝不是短暂的，人也应当像飞鸿一样超越眼前的困境，向前看时，此处并非终点。

和子由渑池怀旧

人生到处知何似？应似飞鸿踏雪泥。
泥上偶然留指爪，鸿飞那复计东西？
老僧已死成新塔，坏壁无由见旧题。
往日崎岖还记否？路长人困蹇驴嘶。

类似这样富含人生哲理的诗还有很多。例如贬谪途中行舟遇暴雨，天晴后明月当空："卧看落月横千丈，起唤清风得半帆。且并水村欹侧过，人间何处不巉岩。"人生旅途漫长，即便有点风险又算什么呢？

向陶渊明"致敬"

苏轼的诗中有一类十分特别,顺藤摸瓜,就能发现它们与几百年前的一位诗人关系密切,这些便是"和陶诗"。

什么是"和陶诗"?

和,是古人写诗的一种特别形式,相当于对原作的"呼应",**在同一主题下依据原诗的韵脚甚至诗中用韵的次序再作一首诗,就像在和原作者一唱一和**。陶,当然便是东晋大诗人陶渊明了。苏轼在写给弟弟苏辙的信中曾说,前代这么多诗,自己"独好渊明之诗",和偶像相距几百年,幸好能以诗唱和,自然是一桩美事啦。

> **归园田居(其一)(节选)**
> [晋] 陶渊明
>
> 少无适俗韵,性本爱丘山。
> 误落尘网中,一去三十年。
> 羁鸟恋旧林,池鱼思故渊。
> 开荒南野际,守拙归园田。

和陶归园田居其一（节选）
[宋] 苏轼

环州多白水，际海皆苍山。
以彼无尽景，寓我有限年。
东家著孔丘，西家著颜渊。
市为不二价，农为不争田。

你发现了吗，苏轼的诗作应和了陶渊明原诗的主题，每句诗也都与原诗的韵及用韵次序相和。

苏轼选择这种比较严格的次韵形式写"和陶诗"，某种程度上很像是玩了一场文字游戏。只是苏轼并没有拼凑字数，而是在真正理解陶诗之后，有感而发地"再创作"，做到了"形神合一"。尽管这种"和"的形式对创作限制多多，苏轼一生还是写了上百首"和陶诗"。为什么苏轼如此偏爱陶渊明呢？

"我不如陶生"

早年，苏轼欣赏的是陶渊明放下名利后，描写归隐生活闲趣的诗句。"乌台诗案"后，苏轼被贬到黄州，亲自体验了一把陶渊明诗中的归园田居生活，才深刻地理解了诗句背后的含意。据说苏轼当时每次身体不舒服，就拿起《陶渊明诗集》一读，却每每只读一篇就放下。心情大概就像我们读到一部精彩的小说舍不得读完一样，正是"**唯恐读尽后，无以自遣耳**"。

后来苏轼重回政坛，却又遭到贬黜，使他对陶渊明的理解更上一层楼。他出任扬州知州时开始创作和陶诗，有《和陶饮酒二十首》，组诗一开始就感叹"**我不如陶生，世事缠绵之**"，表达自己对其隐逸生活的向往，整组诗也是诗人将陶渊明当作"偶像"的初尝试。

"我即渊明，渊明即我"

苏轼晚年被一贬再贬，大概是所到之地十分偏远，颇似陶渊明的归隐，在贬谪期间，他写了大量的和陶诗。

谪居惠州时，苏轼听说儿子苏过正诵读陶渊明的《归园田居》，便追和六首，还为自己设定了一个"尽和"陶诗的小目标。不仅要把偶像的诗都"和"遍，还要遵循最严格的次韵形式，充满仪式感。他将陶渊明引为"**神交久从君**"的知己，"**但恨不早悟，犹推渊明贤**"，人到晚年方才悟到陶诗真意。

一次苏轼酒后做了个与陶渊明一同云游的梦，随后作了《和陶东方有一士》："**屡从渊明游，云山出毫端。借君无弦琴，寓我非指弹。**"借陶渊明抚弹无弦琴的典故，表达自己是其知音。通过"和陶诗"，两位诗人突破了时间与空间。正如苏轼自己所言，当他下笔时又何尝不是"**我即渊明，渊明即我也**"！

和陶东方有一士

瓶居本近危，甑坠知不完。
梦求亡楚弓，笑解适越冠。
忽然返自照，识我本来颜。
归路在脚底，殽潼失重关。
屡从渊明游，云山出毫端。
借君无弦琴，寓我非指弹。
岂惟舞独鹤，便可蹠飞鸾。
还将岭茅瘴，一洗月阙寒。

"我欲作九原,独与渊明归"

苏轼对陶渊明的理解随着他人生际遇的转变而不断加深。他曾评价陶诗"**质而实绮,癯而实腴**",说陶诗用词平淡,但内涵丰富,意境深远。这与苏轼一直推崇的"以文为诗"的写作方法颇相近,求真而不求繁复之词。正如黄庭坚评价的那样,两位诗人"**出处虽不同,风味乃相似**"。陶渊明曾在《咏贫士》一诗中感慨自己守志不阿却无人理解,"**知音苟不存,已矣何所悲**"。苏轼却写道"**我欲作九原,独与渊明归**",作为几百年后对陶渊明的一次真挚回答和致敬。

苏轼之后,"和陶"成风

在苏轼的影响下,许多人都加入了写"和陶诗"的队伍,这种风气从宋朝盛行下去。曾经批评苏轼写"和陶诗"失去"自然趣味"的朱熹,也写过一首"和陶诗"《和游斜川》,有点儿想和苏轼一较高下的意味。金朝文坛领袖赵秉文留下了多首"和陶诗"。明清的"和陶"风气更是达到了一个高潮,清朝的乾隆皇帝竟然也留下了心向田园的"和陶"作品,可见这股诗风流传之盛。这种现象,源于陶渊明本身的魅力,当然也与苏轼的名人效应不无关联。

第二节
宋词崛起的大功臣

如果中国文坛要举办一场文学大会,每个朝代都要使出自己最擅长的"武功"来参加,那么出席阵容很可能是:汉赋、唐诗、宋词、元曲、明清小说……什么是词呢?难道只有宋朝有词吗?苏轼的词又有什么特别之处?下面将会为你一一作答。

让"词"登上大雅之堂

什么是"词"？

词是伴随音乐出现的。你可以将它理解为一种可以配乐的歌词。词牌，就是填词用的曲调名，人们依调填词，后来调名只作为文字、音韵结构的定式。常见的词牌名有《临江仙》《满江红》等。词人面对同一个词牌，可以有自己的发挥，填上不同的词句。

词来自民间，最早可追溯到隋唐之际的曲子词，也称曲或杂曲。1900 年，敦煌鸣沙山藏经洞被打开，出土了一大批珍贵文献。其中有数百首从敦煌卷子中整理出来的唐五代词曲，从中可以看出民间词初期的发展形态——风格质朴，通俗易懂。

菩萨蛮
（出自《敦煌曲子词》）

枕前发尽千般愿，要休且待青山烂。
水面上秤锤浮，直待黄河彻底枯。

白日参辰现，北斗回南面。
休即未能休，且待三更见日头。

但当文人参与到一种文体的创作过程中，往往会使它发生从"俗"到"雅"的变化。**文人写词起于中唐**，主要创作者是白居易和刘禹锡，他们采集民间小调，在文字上下功夫。词在宋朝迎来盛世之前，**善写词的主要有晚唐的"花间派"**——风格绮丽华美，代表词人是温庭筠、韦庄，以及南唐的主要作家冯延巳和南唐二主李璟、李煜。

虞美人
[南唐] 李煜

春花秋月何时了，往事知多少。小楼昨夜又东风，故国不堪回首月明中。
雕栏玉砌应犹在，只是朱颜改。问君能有几多愁，恰似一江春水向东流。

南唐后主李煜写了不少直抒亡国之恨的词，脍炙人口。他用清丽的语言和高度的艺术概括力，把诗歌言志述怀的传统引入词体，所以近代著名学者、词人王国维认为，**词至李后主而眼界始大，感慨遂深，遂变伶工之词而为士大夫之词**。也就是说，这种隋唐时期出现的"曲词"，经文人参与改善，逐渐变成了一种固定文体。

士大夫认为词为"小道"

词在古代士大夫们的心目中，地位并不高，被称为"小道"。小道所对应的就是代表"大道"的诗、文。词曾经长期被看作诗的附庸，说它是诗的余绪（"诗余"）。

之所以这样，与词的演唱者多是下层歌伎有很大关系，早期词多写男女之情，像李后主那样的述怀之作，仍是"非主流"。你会发现一个很有意思的现象，许多正襟危坐的士大夫，笔下诗与词的风格完全不同。如以道德文章著名的欧阳修，作为"古文运动"的发起人，他的词却柔婉旖旎、风月多情，与他在诗文中留下的庄重面孔反差很大。甚至后世有人难以接受，辩说这是欧阳修的仇人所作，用来诬陷他的。

"**诗庄词媚**"观念根深蒂固。"唐宋八大家"之一的王安石，就对作词颇为轻视，还嘲笑晏殊：你一个堂堂宰相，竟然作这样的小词文章！（**为宰相而作小词，可乎？**）当时文坛的风气可见一斑。

宋词兴盛是从晏殊、范仲淹、张先、欧阳修等北宋第一代词人开始的。但他们写词却并不重视词，认为词难登大雅之堂。他们的创作总体上学习的是唐五代词风，写的仍是些相思离别、市井风貌等内容，别有闲情雅致，形式也多沿用传统的小令，用词优美。

柳永：最红的流行音乐作词人

柳永原名三变，因排行第七，又称柳七，虽然有一腔考取功名之志，却屡试不第，所以他把大量精力都倾注到词的创作中，成为北宋第一个专力于词的文人。

柳永音乐造诣深厚，文字功底也不一般，可谓**"慢词第一人"**。慢词篇幅较长，柳永创造性地将铺叙、白描，甚至口语等引入词作，读他的词像是与词对话一样。柳永是词人中最会"讲故事"的。对于一直遭受偏见的下层歌女，以前的"艳词"大多只关注、描绘女子的姿态妆容。比如晚唐五代词人温庭筠，擅长通过各种细节来展现人物外表，借助他的词，我们仿佛能看到一位女子端坐在梳妆台边细致地修饰每一寸肌肤、搭配好每一样饰品，却很难窥见她们的内心世界，需要自己"脑补"。

菩萨蛮
[唐] 温庭筠

小山重叠金明灭，鬓云欲度香腮雪。懒起画蛾眉，弄妆梳洗迟。
照花前后镜，花面交相映。新帖绣罗襦，双双金鹧鸪。

蝶恋花
[宋] 柳永

伫倚危楼风细细，望极春愁，黯黯生天际。草色烟光残照里，无言谁会凭阑意。
拟把疏狂图一醉，对酒当歌，强乐还无味。
衣带渐宽终不悔，为伊消得人憔悴。

柳永对歌女抱有"**同是天涯沦落人**"的同情，平等地对待她们，将自己的笔端探入她们的内心世界，营造出一种特别的"氛围感"，让人们感受到歌女的情真意切，也让人们真正看到了她们的人格魅力。正因为这些"特长"，柳永写的词格外生动，总能唤起听者的共鸣。

"**凡有井水饮处，即能歌柳词**"，柳永成为当时最红的"流行音乐作词人"，填的词传唱大江南北。也是因为他，**慢词开始兴起**，势头渐渐盖过小令。

慢词表现方法的变革，给后来的作者提供了一方更广阔的天地以驰骋才情。从柳永开始，词的形式体制更为完备，呈现出独特的艺术风貌。

小令与慢词

小令与慢词是宋词的主要体式。小令指篇幅短小的词，一首多则五六十字，少则二三十字。慢词，即依慢曲格调填写的词，篇幅较长，一调少则八九十字，多则一二百字。整个唐五代时期，词的体式以小令为主。宋初词人擅长和习用的仍是小令，直到柳永才大力创作慢词。他最长的慢词《戚氏》多达二百一十二字。慢词音调更加繁复曲折，句式又富于变化，提高了词的艺术表现力。

苏轼：让词登上大雅之堂

柳永推进了词体的发展，但他没能提高词的文学地位。这个任务被苏轼当仁不让地接下了。宋词到苏轼手里，又是一大变。

苏轼首先对词进行了革新，**主要体现为"以诗为词"，将诗的创作方法、风格等引入词里**，大大提升了词的意境。他有意要和"柳七郎（即柳永）风格"区别开，开词豪放之风气。

关于柳永与苏轼的风格差异，有一则著名的逸事。苏轼偶遇一位擅长唱歌的幕士，便问他：我的词比柳永的词，如何啊？幕士答道：柳郎中词，只合十七八女郎，执红牙板，歌"杨柳岸、晓风残月"；学士词，须关西大汉，铜琵琶，铁绰板，唱"大江东去"。

红牙板和铁绰板，都是古人演奏音乐时用来打节拍的乐器。前者多为女歌手所执，音调细腻清脆；后者为男歌手所用，音调铿锵响亮。铜琵琶，即铜制琵琶，声调尤其有力。一面是妙龄少女温柔多情地演唱柳词，一面是强壮的关西汉子铿锵高歌苏词，画面感十足，连苏轼本人都为这精妙的比喻拍案叫绝！

不过，苏轼"以诗为词"，最初人们是很难接受的。这则"幕士逸事"其实也

有几分揶揄，因为歌女唱的婉约词才是最传统的形式。只是苏轼心胸开阔，一笑了之。只能说，开拓者披荆斩棘，才能突破藩篱。

在苏轼的影响下，宋词的题材范围越来越广，达到与五言诗、七言诗并驾齐驱的程度。士大夫们"做回自己"，**再也不用碍于"大道""小道"之分**，想写诗时就写诗，想写词时就写词，将词堂堂正正引进了文学圣殿。让我们在下文的"豪放"与"婉约"之间，继续去感受苏轼词作饱满的文学魅力吧。

"豪放派"词人

苏轼词今存约360首,是北宋词人存词最多的。他深厚的艺术造诣为众人所折服,追随者络绎不绝,使豪放派不断壮大。下面,就让我们在苏轼的两首"豪放词"中感受他的气度风貌吧!

念奴娇·赤壁怀古

大江东去,浪淘尽,千古风流人物。
故垒西边,人道是,三国周郎赤壁。
乱石穿空,惊涛拍岸,卷起千堆雪。
江山如画,一时多少豪杰。

遥想公瑾当年,小乔初嫁了,雄姿英发。
羽扇纶巾,谈笑间,樯橹灰飞烟灭。
故国神游,多情应笑我,早生华发。
人生如梦,一尊还酹江月。

大约在三十七岁时,苏轼才开始作词。《江城子·密州出猎》应是他现存词作中最早的,是他任密州知州时所写,"**老夫聊发少年狂,左牵黄,右擎苍**",那种驰骋疆场的报国豪情,已跃然纸上。"乌台诗案"之后,苏轼谪居黄州,词的创作数量剧增,也是他豪放词的成熟期,这一时期所作的《念奴娇·赤壁怀古》被推为宋朝豪放词第一代表作。

开头三句,气势就不可阻挡地扑面而来,用极大的魄力推开一个横无际涯的时空场景。东汉建安十三年(208)那场著名的赤壁之战,历史学家一般认为发生在今天湖北赤壁西北(一说武汉西南赤矶山)。诗里指的是黄州赤壁。苏轼当时也怀疑不在黄州,所以词里用了"人道是",表明只是采用了当地人的说法。"**乱石穿空,惊涛拍岸,卷起千堆雪**",写尽赤壁的雄奇险峻。写壮丽山河是为了烘托意气风发的豪杰,他们的形象像放电影一般,投映在徐徐展开的历史画卷上。

接下来,切回近景,轻盈落笔到小乔与周郎的姻缘上。历史上小乔初嫁早于赤壁之战十年,这里诗人做了文学的"剪裁",只为凸显周郎的少年英才、风流倜傥。"**谈笑间,樯橹灰飞烟灭**",谈笑间一场恶战就已结束,可见周郎运筹帷幄之才。视线继而转向自身,比起周郎这样意气风发的少年郎,自己白发丛生而功业无成。结尾随即以"人生如梦"化开个人的牢骚,即便是周郎的伟绩,也已是历史的烟云,只有大江与明月才是永恒的存在,何必多情,不如举杯遥敬吧。

苏轼有失意,有感慨,但读完这首词,我们并不觉得虚无、伤感,反而能感到一股未曾泯灭的志气。有学者说苏轼总能营造出一个"历史时间",将一己悲欢纳入宏大的时空坐标中,与历史人物相映照,所以境界格外广阔。他是真正把词当作士大夫的个人抒情诗来写。这首词的视野胸怀可谓空前,与儿女私情的传统题材拉开了鲜明的距离。

> **定风波**
>
> 三月七日，沙湖道中遇雨。
> 雨具先去，同行皆狼狈，余独不觉。
> 已而遂晴，故作此词。
>
> 莫听穿林打叶声，何妨吟啸且徐行。
> 竹杖芒鞋轻胜马，谁怕？
> 一蓑烟雨任平生。
>
> 料峭春风吹酒醒，微冷，山头斜照却相迎。
> 回首向来萧瑟处，归去，也无风雨也无晴。

若论对词境界的开拓，当数《念奴娇·赤壁怀古》，而论将诗的表现手法移植到词中，则要看这阕词了。

苏轼之前，绝大多数词并无题序，有词牌名表明其唱法即可。从苏轼开始，不少佳作不但始用标题，还配有小序，有的小序长达数百字，文采斐然，引人入胜。因为苏轼写词同写诗一样，都为抒情言志，但词这一文体不宜叙事，于是**他把自己的不少想法都放在题序里**，抒的是何种情，因何事生发，都给予交代和说明，如《水调歌头》（明月几时有）的小序写道："**丙辰中秋，欢饮达旦，大醉。作此篇，兼怀子由。**"便交代了创作的时间和缘由，点出怀念的对象是弟弟苏辙。这种题序是苏轼对词的形式的一大贡献。

这首《定风波》写于黄州谪居时期，也有题序。苏轼一行人在沙湖道上忽遇阵雨，同行伙伴四处奔窜躲雨。苏轼自己却不在乎,吟着诗不疾不徐地走不好吗?他的安然自若与同伴的狼狈形成了对照。"**竹杖芒鞋轻胜马,谁怕?一蓑烟雨任平生**。"很自然地,从自然界的风雨过渡到人生晴雨。苏轼此时刚经过一场命运风暴的摇撼,但他却觉得,"**回首向来萧瑟处,归去,也无风雨也无晴**"。不管境遇如何变换,如果胸怀坦荡,乐忧两忘,就不会被外物所扰,风雨和斜阳皆为风景,人生行旅,亦可泰然前行。这种旷达超越的生命哲学,不知带给读者多少安慰与启发。

苏轼用词写壮丽山河,写历史感悟,写人生思考,用自己的创作证明词是一种"**无事不可写,无意不可入**"的可以囊括万千的文体,而且同样可以写得如此高妙。后人评价,"**词至东坡,倾荡磊落,如诗,如文,如天地奇观**"。

苏轼使词不再是乐曲的附属品,发展成独立的抒情诗体。他开创的豪放派,也成为此后南宋词坛的主流,并涌现出辛弃疾这样的后继代表人物。

"铁汉"也有"柔情"

苏轼是豪放派的开创者,但仅仅"豪放"二字并不能概括他所有词作的风格。实际上,豪放词在他所有词作中占比并不高,只是杰作迭出,影响很大。

苏轼的词随意境而变,风格多样。"花褪残红青杏小。燕子飞时,绿水人家绕。枝上柳绵吹又少,天涯何处无芳草。""春色三分,二分尘土,一分流水。细看来,不是杨花,点点是离人泪。"感情细腻,柔婉简约,都是"婉约"风格的名句。他写给亡妻王弗的《江城子·乙卯正月二十日夜记梦》,是宋代词坛第一首悼亡之作,更以其深情感动千古。

江城子·乙卯正月二十日夜记梦

十年生死两茫茫。不思量,自难忘。
千里孤坟,无处话凄凉。
纵使相逢应不识,尘满面,鬓如霜。

夜来幽梦忽还乡,小轩窗,正梳妆。
相顾无言,惟有泪千行。
料得年年肠断处,明月夜,短松冈。

熙宁八年（1075），三十八岁的密州知州苏轼做了一个梦，醒来时难言的悲伤仍然充斥内心。是梦到了什么，让他如此难过？原来，是他十年前去世的妻子王弗。

苏轼十九岁时与十六岁的王弗结婚，少年夫妻，感情深厚。王弗个性沉稳、聪慧，与苏轼的豪放性格互补，她洞察世情，常常提醒苏轼远离小人。开始时苏轼并不以为意，后来不得不承认夫人的判断比他要准确。可惜王弗二十七岁时就因病离世了。

学者蒋勋说苏轼"大胆"，因为他敢坦陈这十年间并不太经常想到亡妻——"不思量"，但"自难忘"。不刻意去思念，却也从未忘记。这种思念就像是空气萦绕在四周，忽地某天，故人入梦，不期而遇。在苏轼看来：妻子似乎有点认不出我来了，你还是以前青春秀丽的模样，我却老了，满面沧桑。这才猛然惊觉，十年时光呼啸而逝，二人已是生死两隔。现实的十年间，苏轼经历了很多仕途上的曲折艰难，他每次因脾气性情受挫，大概都会回想起王弗当初的聪明睿智，深感她不在身旁的空茫。

下片场景又切换到两人共同的故乡眉州，窗前梳妆的身影朦胧美好，一如记忆中的样子。男女主人公再次目光相接，千言万语涌上心头，竟一时怅然无言。最后一句定格在一个无人的空镜头：月光冷白，洒落在千里孤坟上。坟冈荒寒，死生陌路，哪里可觅幽魂？梦短情长，醒后是更深的悲凉。

赞美之词从来不难堆砌，日常琐碎最难打动人心。苏轼向我们证明了，他可以大笔一挥，气吞山河，也可以用平淡真实引起情感共鸣。这首词在古代一众悼亡作品中成为绝唱，让我们见识到了"铁汉柔情"。

第三节
古文高手"秘籍"

苏轼是一位书、画、诗、文无一不精的百科全书式通才,著述极多。其中产量最高的当数文章,有4000多篇。他可是一位写"文"的全能选手,议论、记事、小品、游记……佳作纷呈。宋朝读书人中曾流行一句话:"苏文熟,吃羊肉;苏文生,吃菜羹。"宋人爱吃价格不菲的羊肉,而做官的俸禄里就有餐补"食料羊"。这句话的意思是,将苏文研习揣摩、烂熟于心,方能金榜题名,否则只有喝菜羹填肚。苏轼的文章在士子中享有如此高的盛名,那要写出这样的好文章,都有哪些秘诀呢?

苏轼如何写古文？

写好古文需"辞达"

前文讲到唐朝韩愈、柳宗元发起了"古文运动"，提倡将写作恢复到先秦和汉朝时的质朴文风，主张"文以载道"。北宋也继承了唐朝的这种风向，在欧阳修的引领下，王安石、曾巩、苏洵、苏轼、苏辙等人，都投身于古文创作的风潮。

北宋以文官主政，形成了独特的"士大夫"群体，他们既是国家政治的直接参与者，也是文化艺术的创造者和传承人，大多还都是既能吟诗作赋又精通绘画、音乐、书法的全能选手。最典型的代表，就是我们的主人公苏轼了。苏轼是继欧阳修之后新一代的文坛领袖，他同样主张文、道并重，反对过分华丽的文章。他眼中好文章的标准，首先要"辞达"，反复强调"**辞至于达，足矣，不可以有加矣**"。

怎样才能辞达呢？苏轼说要"**求物之妙**"，追求能够表现事物特征的神妙之处，不但要"**能使是物了然于心**"，而且要"**了然于口与手**"。也就是说，作者需认真观察、研究描写的对象，清清楚楚掌握它的特征；同时还要有熟练的艺术技巧，写作时才能得心应手。就像盖高楼大厦，好的设计搭配好的材料，才能屹立不倒。

苏轼笔下的《石钟山记》就是他重视"辞达"的模板之作。你可以把它理解为一篇调查报告。苏轼带着大儿子苏迈，为了解开石钟山命名之谜而前往目的地。经过实地考察，他们发现所谓"钟声"，其实是水灌进山体后发出的。苏轼最后得出结论——没有亲自验证过的结论是不足为信的。士大夫们没来实地考察，所以无法得知真相；当地的渔民也许见到过，却没有道出缘由。

事不目见耳闻，而臆断其有无，可乎？郦元之所见闻，殆与余同，而言之不详；士大夫终不肯以小舟夜泊绝壁之下，故莫能知；而渔工水师虽知而不能言。此世所以不传也。

一般记游性散文大多先记游，然后议论。在《石钟山记》里，苏轼却反着来，先议论，由"疑"带出自己的考察，记叙经过，最后议论作结，行文富有变化，描写、叙事、议论结合使用。

机灵鬼的翻新出奇

政论文其实就是一种议论文，包括奏议、进策、史论等，大多是谈史论政，针对时弊，言之有据，是当时士大夫为官从政的必修课。苏轼很擅长写政论文，他第一次参加礼部的考试，就在京城一鸣惊人。

苏轼的应试文章是《刑赏忠厚之至论》，他围绕"忠厚"的论点，举例古代仁者施行刑赏以忠厚为标准，仅用六百余字就清楚阐发了儒家的仁政思想。因为考试都是匿名的，主考官欧阳修读罢大为赞赏，认定这篇是自己的得意弟子曾巩写的。如果将其判为本次考试最佳答卷，他担心放榜时会被人议论自己徇私；于是大笔一挥，忍痛改判此文第二名。苏轼就这样与榜首失之交臂。

欧阳修纵横文坛多年，这篇文章令他如此感叹，可见苏轼才华了得。其中提及一个典故，说尧帝时代，有个人犯了罪，作为司法官的皋陶三次提出要诛杀此人，但尧帝却三次赦免了他，用以说明君主要宽厚爱人。身为考官的梅尧臣、欧阳修博览群书，但想破脑袋都不知此典出处。苏轼考取后去谒见欧阳修，后者问之，他回答：文中所言的典故，是根据尧帝的宽容和皋陶的执法严格推测得出的，是想当然而已啦！

政论文里"想当然"地虚构历史事实一般是不允许的，不过从这个细节可以看出苏轼的个性。他年轻时写文章就喜欢翻新出奇，随机生发。欧阳修听了也并未责怪他，反而对这个机灵鬼刮目相看，认为他能活学活用，"**此人可谓善读书、善用书，他日文章必独步天下**"。

《留侯论》同样是苏轼早年的一篇应试文，主要围绕司马迁《史记·留侯世家》所记张良在圯上接受老人赠书，并辅佐刘邦统一天下的故事展开论述。相比于司马迁之前略有神秘色彩的解释，苏轼在文中另辟蹊径，说圯上老人其实是秦朝一位具有远见卓识的高人，他出现的本意在于想试一试张良的隐忍度，"**深折其少年刚锐之气，使之忍小忿而就大谋**"，最后证明张良"孺子可教"。苏轼在文中还插入了一些诸如勾践的典故，再配上新颖的立意，使文章更加完美。

> 观夫高祖之所以胜，而项籍之所以败者，在能忍与不能忍之间而已矣。项籍唯不能忍，是以百战百胜而轻用其锋；高祖忍之，养其全锋而待其弊，此子房教之也。当淮阴破齐而欲自王，高祖发怒，见于词色。由此观之，犹有刚强不忍之气，非子房其谁全之？
>
> ——节选自《留侯论》

行云流水出美文

相比政论文，苏轼的书札、杂记、小赋等写得更生动活泼一些，文学性更高，像苏轼的画像一般凸显他的个性，表现他的见解和爱好。

在崇尚理趣的宋朝，苏轼写文同样擅长借助生动的事例或形象来说理，夹叙夹议，兼带抒情，其作品很像我们现在说的"美文"。前文提到的《石钟山记》就是一个很好的例子，在情景交融的意境中逐步展开议论，通过一次考察引申出对没有"目见耳闻"的事物不能"臆断其有无"的哲理，生动又富有说服力。

苏轼的赋作完全摆脱了汉赋板正的句法，避免成片的骈词俪句，赤壁双赋如同优美的散文诗，是传扬千年的不朽名篇。他的寓言、杂说也成就突出，如《日喻说》就通过两段比喻，讲透了只有实践才能掌握事物规律的道理，文字中还流露着苏轼诙谐幽默的情趣。

因为作文以"辞达"为准则，点到为止，苏轼的文章中也难见连篇累牍的长文。他的《记承天寺夜游》不过八十余字,《书临皋亭》更短,却都是公认的韵味隽永的小品文之妙品,对后世笔记小品影响很大。

说了这么多,苏轼怎么看待自己的文章呢?他有过非常经典的一段自评:"**吾文如万斛泉源,不择地皆可出。在平地滔滔汩汩,虽一日千里无难。及其与山石曲折,随物赋形,而不可知也。所可知者,常行于所当行,常止于不可不止。**"

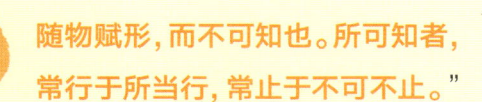

他将自己的散文比作奔涌的泉水,随着地形的变化,形态万千,收放自如。我们不妨读上几篇苏轼各文体的代表作,来细细体会这一点。

试笔自书

吾始至南海,环视天水无际,凄然伤之曰:"何时得出此岛耶?"已而思之:天地在积水中,九州在大瀛海中,中国在少海中,有生孰不在岛者?覆盆水于地,芥浮于水,蚁附于芥,茫然不知所济。少焉水涸,蚁即径去。见其类,出涕曰:"几不复与子相见。"岂知俯仰之间,有方轨八达之路乎?念此可以一笑。戊寅九月十二日,与客饮薄酒小醉,信笔书此纸。

在黄州赤壁的奇幻旅行

前后《赤壁赋》其实皆名《赤壁赋》,都写于元丰五年(1082),后人根据创作时间先后而作区分。两篇赋都有非常出色的状物写景,前者的"清风徐来,水波不兴"与后者的"山高月小,水落石出",至今被奉为描写秋冬二景的典范。我们仿佛跟随苏轼,一脚从秋色迈入冬景,体会四季轮转动人的微妙。

《前赤壁赋》:感受天地人生之美

开篇交代了时间。月明之夜,苏轼与友人在大江上泛舟,他们乘兴举杯,还吟唱《诗经》里《月出》的诗句来助兴。

清风徐来,水波不兴。举酒属客,诵明月之诗,歌窈窕之章。少焉,月出于东山之上,徘徊于斗牛之间。白露横江,水光接天。纵一苇之所如,凌万顷之茫然。浩浩乎如冯虚御风,而不知其所止;飘飘乎如遗世独立,羽化而登仙。

赤壁下粼粼波光在颤动,好似跟天上的月光相接,景色一片澄澈,若有若无的渺茫之感萦绕其中,既写出了景色的无比美妙,又为后文写到超然物外的哲理做了合理铺垫。

苏轼和友人也被这无言大美感染,他们饮酒唱歌,用手拍击船舷打拍子。据学者们考据,与苏轼同游赤壁的是道士杨世昌,他专程到黄州来看望苏轼,在这里待了差不多一年。杨世昌擅长吹洞箫,此刻他的演奏应声而起——"**其声呜呜然,如怨如慕,如泣如诉,余音袅袅,不绝如缕**",十分悲戚感人。

一时间，苏轼的面色变了，问友人：你的箫声为何如此哀伤？于是引出客人对历史上的"一世之雄"如今皆烟消云散的无限感怀。前面我们读过《念奴娇·赤壁怀古》，对这种兴衰之叹也不陌生了。在浩瀚的历史时空中，个体生命确实短暂。

苏轼却对此给出了一个超然的回答。他用水和月作比：后浪推动前浪不会复返，但长江却滚滚向东，永不停息地流着；月有阴晴圆缺，但它并未消减。"**盖将自其变者而观之，则天地曾不能以一瞬；自其不变者而观之，则物与我皆无尽也，而又何羡乎！**"从万事万物变动的那一面来看，天地间没有一瞬间是停止不变的，而从不变的一面来看，万物与我们其实都如水、如月般永恒。

至于我们每个微渺的个体，又该如何自处呢？苏轼的回答是"**天地之间，物各有主**"，所得有定数，何需强求？只有天地间的清风明月"**取之无禁，用之不竭**"，是造物主赠予所有人的。这不是逃避，也不是消极，这是真正超越得失的心灵才能发出的感悟。

客人似有所悟，收敛了愁容，大家继续喝起酒来，杯盘皆空，非常尽兴，直到东方渐白。转悲为喜的起伏，如同我们读这篇赋的心情，一曲跌宕，终了只余满腔的澄明与宁静。

主客对话的思辨，伴随着无尽的美景，且文辞优美纯粹。整篇赋，如一件浑然天成的艺术品，完美体现了苏轼将描写、叙事、议论结合得水乳交融的特点。千百年来，它对人生意义的追问探寻、深刻的终极人文关怀，已经融入我们的文化血脉。

《后赤壁赋》：苏子奇遇记

《前赤壁赋》通过主客对话，明确表述了文章的意旨。相比起来，《后赤壁赋》则有些迷离莫测，没那么容易归纳了。苏轼经常自书《前赤壁赋》赠送友人，却未留下书《后赤壁赋》赠人的记载。当然不是因为后者写得不够出彩。相比前者抒写江山风月、探讨宇宙人生的哲理，后者显得更私人化一些，胜在文学的"无中生有"，恰似他内心的显影。

开篇写了两位朋友与苏轼同行，其时"霜露既降，木叶尽脱，人影在地，仰见明月"，一个清冷的冬夜，写得非常真切。三人很快乐，一边走路，一边歌吟。苏轼感叹这么好的晚上，又有这么知心的朋友，再配上好酒佳肴一起把酒言欢就更好了。巧的是，有人提来了今天刚捕的鲜鱼，苏轼也求得了妻子"藏之久矣，以待子不时之需"的佳酿。于是他们携酒与鱼，来到赤壁。

"曾日月之几何，而江山不可复识矣。"这次的景色已不同于几个月前。苏轼独自攀爬险峻的山岩，"履巉岩，披蒙茸，踞虎豹，登虬龙，攀栖鹘之危巢，俯冯夷之幽宫"，用一连串的词句，来形容自己登山之险遇。他长啸一声，引起各种可怖的回应，他也"肃然而恐"，于是上船出发，任凭船只随波漂流。夜半时分，一只巨大的白鹤高声鸣叫着，掠过船侧向西边飞去。

最后一段另起文意，记录了一个奇幻的梦。回到住所，朋友散去，苏轼也睡了，像是回归了日常。古人常常说仙人、道士身上披着鹤氅，苏轼就梦到这样一位羽衣蹁跹的道士来访，问：你在赤壁游玩得快乐吗？苏轼问他是谁也不答。苏轼忽然悟了：鸣叫着从我们身边飞过的那只鹤，不就是你吗？道士回头一笑。苏轼惊醒了，推开房门一看，了无一人。文章就这么结束了。

全篇毫无议论,我们就像是体验了一次苏轼的奇遇,虚实真幻交织,在冬夜里更显神秘。有学者将苏轼在幽暗崎岖的险境中的攀登,对应他经"乌台诗案"被贬谪的历程,这么理解倒是可以自圆其说。

其实我们能感受到,苏轼最后决定对什么都不介怀,顺其自然,这是真正的解脱。恰如有人所说,前赋是关于超越的思辨,后赋则表现了超越的心境。

赋这种体裁发展到宋朝,越来越像散文。赋本来是一种极尽铺陈、语言秾丽的文体,致力于罗列,很容易写得空洞、华而不实。**苏轼却用它承载对终极问题的思考,用空灵之笔跳出日常片刻,在诗意中停驻,可谓"赋以载道"。**

也因苏轼的妙笔,黄州赤壁名扬天下。但随着时间流逝,江水逐渐向西退却,到了清光绪年间,赤壁已距江水甚远。沧海桑田,如今黄州赤壁前仅留下一个人工小池塘,难见当年的惊涛拍岸。

但每当我们读起前后《赤壁赋》,感其所感,思其所思,悟其所悟,那千年前的大江明月清风,仍然可以在瞬间从我们的心头复活。

第四节

美食美酒
缺一不可

如果问什么是苏轼诗意人生最不可或缺的部分,那么答案一定是美食和美酒。对这两样事物的喜爱与钻研,使苏轼成为一个不折不扣的"生活家",它们也同时成为苏轼笔下诗词的重要角色。

把酒问青天

苏轼平生两大爱好：写诗和饮酒。几乎每三首诗，就有一首与酒有关。今存的约三百六十首词里，含"酒"的近八十首，许多流传千古的金句，如"**明月几时有，把酒问青天**"，都是苏轼酒后之作，难怪他自谦"**使我有名全是酒**"。

苏轼的祖父和父亲都爱喝酒，但他在青少年时期可是滴酒不沾的。进入官场，应酬多了，苏轼才开始慢慢饮酒。不过他的酒量不怎么好，至少比不上前辈"诗仙"李白"**会须一饮三百杯**"，苏轼喝一点就醉，三五杯差不多就烂醉如泥。无论在哪儿喝酒，他醉酒后的第一反应就是睡觉，醒来后经常嚷着要文房四宝，略带醉意地作诗、绘画，将完成的作品随意送人，毫不在乎。

苏轼虽爱饮酒，但不贪杯，适量就好。他还特别喜欢招待别人喝，觉得这比自己独饮快乐得多。苏轼什么样的朋友都有，用他自己的话说，上到玉皇大帝，下到街边乞丐，都可以和他成为朋友。收到别人送来的酒，苏轼常常兴致盎然地把它们写进诗词里，如"酥酒""碧香酒""莲花酒"等。他一生几乎走遍大半个中国，到哪儿都有朋友招待好酒。

苏轼不只爱喝酒，还会根据不同地方的不同原料自己酿酒，是个爱动手的文学家。一旦成功，他就把这些方法记录下来，写成诗词、文章。随着他的作品传播得越来越广，大家也都想知道他酿的酒是什么味道。也是经过苏轼的宣传，很多此前默默无闻的酒成了人人争抢的佳酿。

苏轼生活的年代，酒基本都是低度的，同我们现在的白酒都不一样。苏轼酒量不大，又十分好饮，所以身边总是带着酒壶，累了便喝上几口，随意倒在草地上，酣睡一阵。他的一生漂泊不定，酒伴随他到各个地方。开心时，他喝酒；忧愁时，他也喝酒。大概只有在酒醉后，才能忘记现实中的诸多烦恼。酒醒后，他还是那个希望有朝一日能实现梦想——报国为民的大诗人。

与酒有关的名篇

明月几时有，把酒问青天。不知天上宫阙，今夕是何年。
——《水调歌头》（明月几时有）

酒酣胸胆尚开张。鬓微霜，又何妨！持节云中，何日遣冯唐？
会挽雕弓如满月，西北望，射天狼。
——《江城子·密州出猎》

故国神游，多情应笑我，早生华发。人生如梦，一尊还酹江月。
——《念奴娇·赤壁怀古》

休对故人思故国，且将新火试新茶。诗酒趁年华。
——《望江南·超然台作》

有客远方来，酌我一杯茗。我醉方不啜，强啜忽复醒。
——《饮酒四首（其三）》

蜜酒

在苏轼的《蜜酒歌》流传开来后，人们才开始注意到用蜂蜜酿酒。酿制蜜酒的工艺并不复杂，但对温度要求高，苏轼试验了好多次才成功，据说尝过他做的蜜酒的人腹泻过，估计是喝了品质不过关的酒。真正的蜜酒甜度适宜，不发酸，堪称佳酿。

酿造地点：黄州

桂酒

桂酒有一股浓烈的药香味，它的原料不是桂花，而是一种药材——月桂。苏轼在惠州时，发现家家都自酿酒喝，他也赶时髦，在高人指点下自制仙酒——用生姜和月桂等药材酿制而成，有一股香辣味。幽默的苏轼直夸此酒只应天上有，大概是想强调它的滋补功效。

酿造地点：惠州

真一酒

在海南，苏轼用上等的白面、清水加上糯米，配以清洁的器具，酿造出酒中之精华——真一酒。这是他酿过的自己最满意的酒。他常用真一酒来招待朋友，甚至在离开海南奔赴广东的路上都带着真一酒，有诗为证："小饼如嚼月，中有酥与饴……好在真一酒，为我醉宗资。"美食配好酒，苏轼可太会享受了。

酿造地点：儋州

天门冬酒

天门冬是一种很早就被采用的药材。为了保健，人们用它来酿制药酒。有一次，苏轼酿制的天门冬酒熟了，他一边滤酒，一边喝个不停，结果醉得不省人事。

酿造地点：儋州

"吃货"的美味清单

如果要在大诗人中选择一位结伴旅行,你会选择谁?李白、杜甫还是苏轼?李白行踪飘忽不定,经常找不到他;杜甫又很悲情,动不动就落泪;苏轼就有趣得多,上得厅堂,下得厨房。苏轼不仅好吃,遍尝各地美食,还自创了很多新菜,大概是最会做饭的诗人了,非常适合当朋友兼旅伴。用美食抚慰心情,驱赶旅途的劳累。跟着苏轼这个大美食家、大诗人去旅行,何乐而不为?

第一站:黄州

初到黄州,苏轼就惦记当地的美鱼和香笋:"自笑平生为口忙,老来事业转荒唐。长江绕郭知鱼美,好竹连山觉笋香。"他在给好友的信里介绍了黄州的土产食材:柑橘、芋头、猪牛羊肉和鱼蟹。当时民间流行吃羊肉,黄州猪肉便宜但很少有人买,苏轼就亲自动手开发出千年名菜"东坡肉",秘诀也不藏着掖着,作一首《猪肉颂》公布于世:"净洗铛,少著水,柴头罨烟焰不起。待他自熟莫催他,火候足时他自美。"烹饪猪肉时,少放点水,小火慢炖,等到火候够了,猪肉的香味自然就出来了,依这法子做出的猪肉酥香味美、肥而不腻。很快,东坡肉风靡黄州,成为百姓最喜欢的菜肴之一。他也没放过便宜的鲫鱼和鲤鱼,用它们熬出的鱼羹,尝过的人都赞不绝口,成了苏轼招待客人的招牌菜。他还发明了一道"东坡菜羹",采用最新鲜的野菜等烹制而成,吃过的人都觉味道清鲜。

第二站：惠州

宋朝惠州经济并不发达，好在阳光充足，雨水充沛，盛产各种水果。苏轼第一次吃荔枝时，恨不得告诉全天下人："人间何者非梦幻，南来万里真良图。"（《四月十一日初食荔枝》）到底是来对地方了，让我尝到水果中的极品，更发出感叹："日啖荔枝三百颗，不辞长作岭南人。"（《惠州一绝》）。荔枝好吃到让苏轼忘记了惠州生活的艰苦，在他心中的地位几乎与河豚比肩——河豚可是苏轼在江南最爱吃的食物之一。河豚鲜美无比，但吃它要注意了。它体内有毒素，如果处理不好，可能会中毒身亡。苏轼身边很少有人敢吃河豚，只有他吃得津津有味，还直呼：太好吃了，值得冒死一试。

第三站：儋州

无论山珍海味还是粗茶淡饭，苏轼都能品味到它们的好。海南农作物较少，当地人以山药、芋头为主食，很少吃牛羊猪肉，海鲜吃得倒是不少。苏轼入乡随俗，各类海鲜，如海蟹、海螺、八带鱼等都吃得津津有味。有朋友送来新鲜的生蚝，他就用酒煮，或用火烤，吃起来美味极了，他怕别人听说海南有此美味，开玩笑让儿子苏过别传出去，自己"独食"就行。海南最多的就是芋头了，苏过弄了点芋头和大米一起做粥，苏轼美滋滋地喝着粥，还不忘夸耀儿子的手艺——"色香味皆奇绝，天上酥陀则不可知，人间绝无此味也"，让人看了后也想尝一尝。

美食吃得多了，苏轼也不忘在《老饕赋》中同人分享他的"吃货"经验：猪颈肉是猪肉的精华所在，霜冻前螃蟹的大螯最肥美，蛤蜊半熟佐酒吃最好，蒸蟹时加入酒糟，八分熟时滋味最佳，樱桃蜜饯、杏仁糕点是甜品中的精品……

苏轼诗文中出现的食物

食材：藕、鳊鱼、野鸡、笋、荠菜、羊肉、蛙肉、蛇、芹菜、鲈鱼、粟、鸡、紫蟹、栗、豆荚、河豚、熊掌、羊酪等

水果：桃、李、杏、梨、枣、樱桃、石榴、葡萄、橘、木瓜、杨梅、橄榄、荔枝、龙眼等

多才多艺的大诗人

苏轼病逝后，朝廷曾下令将他的著作全部销毁，连同他学生的作品也登上"禁书"榜单。最夸张的时候，连写诗也被看作是"苏轼同党的行为"。这是不是说明，皇帝实在厌烦他呢？其实宋徽宗对苏轼的态度很复杂：一方面，苏轼生前与他政见不同，去世了也没被皇帝原谅；另一方面，宋徽宗本人是个不折不扣的"艺术家皇帝"，内心对苏轼过人的才华非常认可。宋徽宗的"瘦金体"书法，吸收了北宋书法家黄庭坚字形开阔、不拘泥于横平竖直的特点，而黄庭坚与苏轼亦师亦友，书法风格也深受其影响。

除了诗词，苏轼的书画造诣精深，作品每每受到民间追捧。他的同僚趁着工作方便，拿到了不少苏轼字画，还有人用这些作品去交换羊肉。有的时候，人们为了得到苏轼的墨宝，干脆备好宴席请他前来。酒足饭饱之际，心情大好的苏轼便会挥毫泼墨，创作一番。

苏轼曾经提出自己的创作原则——"**诗画本一律，天工与清新**"，其实无论是作诗，还是书法、绘画，道理都是一样的，只要能在作品中反映作者的心情、意志，就是好作品。

《寒食帖》：天下第三行书

苏轼自小习字，对王羲之、颜真卿等前朝书法大家的作品都有涉猎，并将这些名家的优点融会贯通，自成风格——字体粗壮宽阔，笔墨浓重，最著名的便是《寒食帖》。

1082年，苏轼被贬至黄州已经三年了，这里偏僻萧条，爱热闹的苏轼不禁感叹："**黄州真如在井底！**"这一年寒食节，家徒四壁的苏轼想到自己被贬以来的悲惨遭遇，不由得感到孤独又惆怅，便写下了《寒食帖》。

《寒食帖》的第一句"**自我来黄州，已过三寒食**"，运笔平稳，可见苏轼在落笔时的心情还是平静的；当写到"**空庖煮寒菜，破灶烧湿苇**"时，字越写越大，好像是诗人想到空荡的厨房只有一点蔬菜可以下锅，便将满腔悲苦心酸都投入笔尖；直至"**也拟哭途穷**"一句，运笔风格又变了，心中的无奈跃然纸上；最终落款时的"**右黄州寒食二首**"，笔法渐趋平稳，字体大小与开头恢复一致，显然诗人的内心也逐渐平静下来。

《寒食帖》气势奔放，挥洒自如，被誉为继王羲之《兰亭集序》和颜真卿《祭侄文稿》之后的"天下第三行书"。《寒食帖》在清朝时被乾隆皇帝收藏，1860年英法联军火烧圆明园，《寒食帖》流落民间，又被日本人买走，直至20世纪中期，被收藏家王世杰购回，现藏台北故宫博物院。

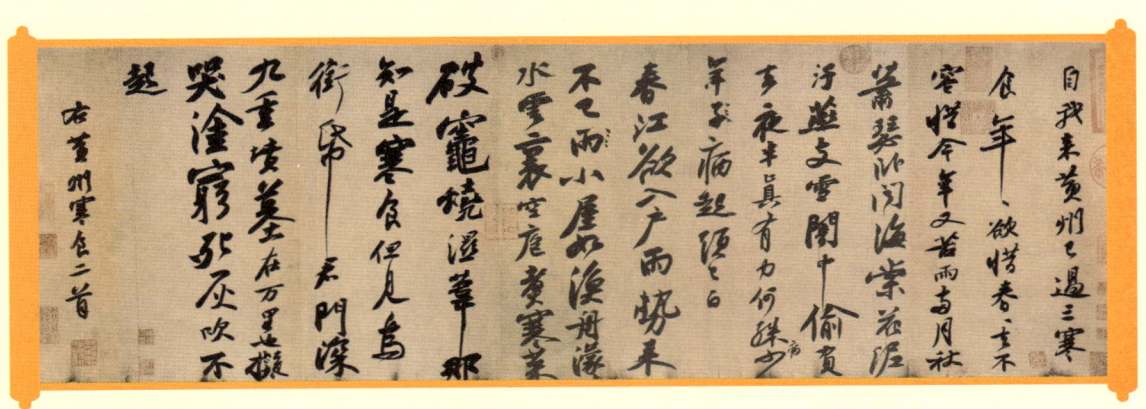

《寒食帖》

《潇湘竹石图》

竹子外观笔直,且历经寒暑始终苍翠,被视为高风亮节、品格坚韧的君子,深受文人所喜爱。苏轼就说自己可以不吃肉,但不能生活在没有竹子的地方。这种对竹子的偏爱也体现在他的画作中,且常与石头相伴出现。

苏轼的墨竹师从北宋画家文同,笔墨浓淡有致,使竹叶看起来真实灵动。他画竹子的时候,往往从根茎起笔一口气画到顶,朋友问他为什么不一节一节地画,苏轼回答:竹子刚生长的时候,一寸长的嫩芽也都是节、叶俱全。从小笋长到巨竹,从来都是有节有叶的。现在的人画竹,却是一节一节地接起来,一叶一叶地堆上去,这样做哪里还有竹子呢?所以说画竹,一定要胸有成竹才对。所以他画的竹子看起来身姿挺拔,格外生气勃勃。

《潇湘竹石图》是苏轼现存的两幅真迹之一,现藏于中国美术馆。画卷上一片土坡,两块石头,几株竹子,远处潇水与湘江汇合,烟波渺渺,虽然景物不多,但自有一种宁静深远的气韵。

《潇湘竹石图》

《枯木怪石图》

《枯木怪石图》

虽然苏轼大方承认自己画竹的方式学自"湖州竹派"的创始人文同，但又说："**东坡虽是湖州派，竹石风流各一时。**"他自认石头画得比文同好些。虽然有些傲娇，但也确实没有夸大其词，文同只专注画竹，苏轼却喜欢加些枯木、石头，比如与《潇湘竹石图》齐名的《枯木怪石图》。

苏轼认为文人不同于职业画师，所画的山水花鸟重要的不是形似，而是其中蕴含的个人的志向追求。《枯木怪石图》的画面简洁，只有一块看起来像蜗牛一样的大石头，石头旁边长着一棵歪歪扭扭的枯木，树枝光秃秃的，凌空舒展，像巨大的鹿角。有人说，画上的石头和树木姿态都奇奇怪怪的，有些扭曲，正是苏轼在被贬官后内心抑郁不得志的体现；也有人说，画上的枯木虽然姿态扭曲，但树枝仍顽强地直冲苍穹，是苏轼想表达自己虽然遭人构陷，但绝不会为了做官而改变自己的高洁心性。

第三章 苏轼的遗产

苏轼的"继承者"们

苏轼对自己的四个学生——黄庭坚、秦观、晁补之、张耒非常满意，说自己慧眼识珠，在茫茫人海中发现了这四块璞玉。后人将这四人并称"苏门四学士"。他们师承苏轼，但又各有所长，与苏轼的风格不尽相同：黄庭坚长于书法，秦观长于婉约词，晁补之长于散文，张耒则长于作诗。

黄庭坚

黄庭坚出生在书香世家，"庭坚"二字是舜帝身边贤能的大臣皋陶的字，可见他父亲对他寄予厚望。但他父亲在他十四岁时就病逝了。黄庭坚自小聪明伶俐，书本上的内容读上几遍就能背诵，七岁时就已能作诗。"**骑牛远远过前村，吹笛风斜隔岸闻。多少长安名利客，机关用尽不如君。**"（《牧童》），黄庭坚小小年纪就有自己的看法，认为那些争权夺利的朝中大官，其实并没有村中放牛的牧童过得惬意。

1072 年，黄庭坚的岳父将他引荐给苏轼，两人从此既是师生又是朋友。黄庭坚曾苦学苏轼的书法，临写的字和苏轼所书非常相似，他喜欢收集墨，很多人便拿着上好的墨去求他写上一幅字，拿回去当作是苏轼亲笔，以假乱真。苏轼知道这件事后也不生气，反而从黄庭

坚收到的"贿赂"中抢走一些自己喜欢的。

老师的字学得神形兼备，自己的字也写得风格强烈。黄庭坚的字清瘦，被苏轼形容为挂在树上的蛇，黄庭坚反击说苏轼的字又扁又粗，像被石头压扁的蛤蟆。这当然是两人的玩笑之语，事实上，作为苏轼的学生，黄庭坚对老师的书法非常崇拜，不止一次说苏轼"翰墨妙天下"，是天下最好的书法。晚年黄庭坚的书法纯熟，深得苏轼赞许："恨二王无臣法。"就连王羲之、王献之也比不上。

秦观

四学士中，秦观与苏轼相识最晚，却与苏轼关系最好。秦观两次参加科举考试都名落孙山，也是苏轼为他前后奔走，向王安石百般推荐。

苏轼与秦观都是北宋著名的词人，又是师生，但两人一个爱写豪放诗词，一个擅长婉约词。细数苏轼的词，虽然也有"十年生死两茫茫。不思量，自难忘"的缠绵悱恻之语，更多还是"老夫聊发少年狂，左牵黄，右擎苍"这样的豪迈之语。相比之下，秦观的词更温柔婉转，比如同样是描写春天，苏轼会说"诗酒趁年华"，大家一起来饮酒作诗，不要辜负了好时光；秦观则写"落红铺径水平池""杏园憔悴杜鹃啼"，伤感之情呼之欲出。

值得一提的是，明代小说中有一段"洞房三难"的故事，说秦观对苏轼的妹妹苏小妹一见钟情，两人结婚那天，聪明博学的苏小妹给秦观出了三道难题，想难为一下秦观，也是想较量一下。这个故事在民间流传甚广，可惜历史上苏轼没有妹妹，这个温馨的故事应该是人们对苏秦两人亲密友情的美好想象。

晁补之

苏轼的四个学生各有千秋，但论起考试成绩最好的，一定是晁补之。晁补之，山东巨野人，是汉景帝时的名臣晁错的后代，二十六岁时考取了进士。更难得的是，他在开封府和礼部的考试中都考取了第一名，宋神宗看过他的试卷后也赞不绝口：这个人精于经术，一定可以改变文坛浮躁的风气。

晁补之十七岁那年，父亲去杭州做官。晁补之同行，一路上遍览钱塘秀丽风光、壮美山河，他有感而发，之后写下文章《七述》。苏轼当时正在杭州做通判，和晁补之的父亲是同事，他看了晁补之写的文章后不由得感叹：本想写一篇关于杭州山水的文章，现在我可以搁笔了！

晁补之擅长描写山水景物，他的散文语言凝练，最著名的是在杭州师从苏轼期间游览北山写下的《新城游北山记》："于时九月，天高露清，山空月明，仰视星斗皆光大，如适在人上。窗间竹数十竿相摩戛，声切切不已。"九月，天空高旷、露水晶莹，月光洒在空寂的山间，繁星仿佛就在头顶，窗外的竹子被风吹动，沙沙作响。寥寥几笔，静谧幽深的意境跃然纸上。

张耒

"四学士"中,张耒与苏轼相识最早。纵观"四学士"的政治生涯,也都是起起落落,这多少与苏轼有关。张耒一生为官勤勉,生活十分清贫,多次被苏轼牵连贬官,但也从无怨言。1101年,他听闻苏轼病逝常州的消息后悲痛不已,白衣素帽为恩师戴孝。这引得宋徽宗勃然大怒,毕竟在皇帝的眼中,此时的苏轼还是一个"罪人",于是将张耒贬到黄州。因为是戴罪迁居,张耒不能住在官舍、佛寺,只能在荒山中租房居住,开垦种粮。但即使在如此恶劣的环境中,张耒依然坚守内心对苏轼的追随。

苏轼评价张耒"**汪洋冲淡,有一唱三叹之音**",早年张耒的诗朝气昂扬,写春天是"**花萼怯寒犹积雪,鸟声催报已知春**",写秋天是"**微云淡月夜朦胧,幽草虫鸣树影中**";但经历世事磋磨,晚年张耒的诗风更加平实,对百姓的生活十分关注。在《劳歌》《和晁应之悯农》中,对农民们终年辛苦耕耘,却依然过着衣不蔽体、家徒四壁的贫苦生活饱含同情,呼吁减轻百姓负担、富国强民。

东坡百世师

苏轼的文章在北宋特别受欢迎。上至文人墨客，下至市井百姓，甚至连他一生的政敌王安石，私下也喜欢读他的文章。宋朝以后，无数人自称苏轼的"粉丝"，不只被他夺目的文采吸引，更为他超然物外的大度胸怀所折服。让我们来盘点一下千百年来苏轼那些"大牌粉丝"吧！

元好问

生活年代：金元之际

身份：文学家

问：为什么喜欢苏轼呢？

答：唐代以来的诗词大多是宫廷式的靡丽辞藻，而且人工雕琢的痕迹十分严重。自苏东坡开始，才有了用诗歌来传达内心感情。读起来真情实感又自然的诗，真有"一洗万古凡马空"气象！

脱脱

生活年代：元朝

身份：宰相

问：为什么喜欢苏轼呢？

答：苏轼小时候听人说起《庆历圣德诗》，知道这首诗讲述了宋仁宗任用韩琦、范仲淹、富弼等贤臣治理国家的故事。他便跑去问老师这些贤臣的故事，老师奇怪他为什么想知道这些，他回答说自己想要结识这样正直有才能的人。如此看来，苏轼小小年纪便志存高远，要成为范仲淹、韩琦这样的贤哲啊！

王士禛

生活年代：清朝

身份：刑部尚书、文学家

问：为什么喜欢苏轼呢？

答：汉魏以来，二千余年间，以诗名其家者众矣。顾所号为仙才者，唯曹子建、李太白、苏子瞻三人而已。

林语堂

生活年代：现代

身份：作家

问：为什么喜欢苏轼呢？

答：苏东坡是个秉性难改的乐天派，是悲天悯人的道德家，是黎民百姓的好朋友，是散文作家，是新派的画家，是伟大的书法家，是酿酒的实验者，是工程师，是假道学的反对派，是瑜伽术的修炼者，是佛教徒，是士大夫，是皇帝的秘书，是饮酒成癖者，是心肠慈悲的法官，是政治上的坚持己见者，是月下的漫步者，是诗人，是生性诙谐爱开玩笑的人。可是这些也许还不足以勾绘出苏东坡的全貌。我若说一提到苏东坡，在中国总会引起人亲切敬佩的微笑，也许这话最能概括苏东坡的一切了。

钱穆

生活年代：现代

身份：历史学家

问：为什么喜欢苏轼呢？

答：苏东坡诗之伟大，因他一辈子没有在政治上得意过。他一生奔走潦倒，波澜曲折都在诗里见。……苏东坡的儒学境界并不高，但在他处艰难的环境中，他的人格是伟大的，像他在黄州和后来在惠州、琼州的一段。那个时候诗都好，可是一安逸下来，就有些不行，诗境未免有时落俗套。东坡诗之长处，在有豪情，有逸趣。

追寻大诗人的足迹

四川

眉山市三苏祠：1037年，苏轼出生在眉山的这座宅子里，这里也是他的父亲苏洵、弟弟苏辙的家。明朝时改宅为祠，如今祠堂内的来风轩正是当年苏家的书斋，苏轼兄弟童年都曾在这里读书。

眉山市唤鱼池：据说只要有人在这里拍掌，水中的鱼儿便应声而出，苏轼与王弗不约而同地给这里取名"唤鱼池"，两人由此结下姻缘，后结为夫妻。

山东

诸城市超然台：1075年，苏轼任密州（今山东诸城一带）知州，修葺了城北破败的超然台。后来弟弟苏辙来看望他，两人同游超然台，为了安慰生活艰苦的苏轼，苏辙写下《超然台赋》。

浙江

苏堤：1089年，苏轼到杭州任知州，组织疏浚了西湖，并利用挖出来的淤泥修筑了这条大堤，百姓们称之为"苏堤"。在著名的"西湖十景"中，"苏堤春晓"名列榜首。

冷泉亭：冷泉亭位于灵隐寺飞来峰下，苏轼在这里做官时，常常带着文书来这里工作。

大麦岭：1090年，苏轼与朋友登上大麦岭游玩，在这里写下《大麦岭苏东坡摩崖题记》，是杭州现存唯一的苏轼题记原物。

东坡亭：这里的苏东坡石像是迄今全国发现的唯一一座苏东坡古代石雕像。

江西

赣州梅岭：又称大庾岭，自古以来就是中原与岭南的分界线，1094年，苏轼被贬官至广东惠州，路过梅岭时感慨万千，作诗《过大庾岭》。

广东

惠州嘉祐寺：位于东坡小学内，这里地势高，环境清幽，贬官到惠州的苏轼曾经在这里居住过一段时日，尤其喜欢在山顶的松风亭散步。

惠州西湖：苏轼与侍妾王朝云常常来这里游览，留下了许多诗篇。

海南

儋州东坡书院：1097年，六十岁的苏轼又被贬至更远的海南儋州，如今的东坡书院就是当年苏轼在海南以文会友的"载酒堂"。

河南

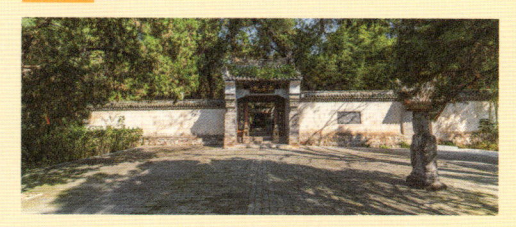

郏县三苏墓：1101年苏轼病逝后，遵照他的遗嘱，苏辙将他葬在郏县小峨眉山。1112年苏辙去世，葬在哥哥的墓旁，两人生前未能常相见，死后终于得偿夙愿。

江苏

常州东坡公园：1101年，苏轼接到朝廷大赦天下的诏令，准许他北归。农历七月，苏轼到达常州，后来在这里病逝。

陕西

凤翔东湖喜雨亭：1061年，苏轼签书凤翔府判官，任职期间凤翔遭遇干旱，苏轼奔赴太白山求雨。几经波折终于天降甘露，激动的苏轼将自己主持修建的亭子取名喜雨亭，还写了一篇《喜雨亭记》。

苏轼的成语词典

苏轼留下2700多首诗、300多首词及4000多篇文章,创作数量居北宋作家之首。很多我们耳熟能详的成语和他有关,虽然只有短短几个字,却意味深长,至今仍为我们所使用。

百读不厌

释义: 形容文章写得好,无论读多少遍也不感到厌倦。

出处: 《送安惇秀才失解西归》:"旧书不厌百回读,熟读深思子自知。"

百世一人

释义: 一百世才出现一位的伟大人物,意指极难得的人才。

出处: 《祭司马君实文》:"百世一人,千载一时,惟时与人,鲜偶常奇。"

半截入土

释义: 身体的一半被土埋了,比喻人活不久了。

出处: 《东坡志林》:"汝已半截入土,犹争高下乎?"

悲欢离合

释义: 指生活中经历的各种情况如相聚、别离,以及由此产生的种种心情,比喻人世间的聚散无常。

出处: 《水调歌头》:"人有悲欢离合,月有阴晴圆缺,此事古难全。"

不时之需

释义: 说不定什么时候会出现的需求。

出处: 《后赤壁赋》:"妇曰:'我有斗酒,藏之久矣,以待子不时之需。'"讲的是苏轼夫人王闰之早就给他准备好酒以备他不时之需。

不以为然

释义：不认为是正确的，表示不同意或否定。

出处：《再乞罢详定役法状》："右臣先曾奏论前衙一役，只当招募，不当定差，执政不以为然。"

沧海一粟

释义：大海里的一粒谷子，比喻十分渺小。

出处：《前赤壁赋》："寄蜉蝣于天地，渺沧海之一粟。"

成败论人

释义：以成功和失败作为评论人物的标准。

出处：《孔北海赞序》："世以成败论人物，故操得在英雄之列。"

大江东去

释义：大江即长江，指长江的水向东奔流而去，后比喻时光流逝不复返，形容事情已过去，历史向前发展。

出处：《念奴娇·赤壁怀古》："大江东去，浪淘尽，千古风流人物。"

风流人物

释义：指英俊的、杰出的、对一个时代有很大影响的人物。有时也指举止潇洒或不拘礼法、花哨轻浮的人。

出处：《念奴娇·赤壁怀古》："大江东去，浪淘尽，千古风流人物。"

羽扇纶巾

释义：羽扇，即用鸟羽制成的扇子；纶巾，指的是用丝带做成的头巾。本用来形容当年周瑜雄姿英发，谈笑间破曹操大军，取得大胜。后来指大将指挥若定，潇洒从容。

出处：《念奴娇·赤壁怀古》："羽扇纶巾，谈笑间，樯橹灰飞烟灭。"

淡妆浓抹

释义： 指淡雅和浓艳两种不同的妆饰。

出处： 《饮湖上初晴后雨》："欲把西湖比西子，淡妆浓抹总相宜。"这里苏轼把西湖比作古代四大美女之一的西施，淡妆（晴天）也好，浓抹（雨天）也罢，总是那么美丽、迷人。

河东狮吼

释义： 河东，柳氏一族的郡望，此处代指陈季常（陈慥）的夫人柳氏。陈季常是苏轼的好朋友，好谈佛。而狮吼是佛家语，比喻威严。苏轼用"河东狮吼"戏弄陈季常，说他一听见夫人的叫唤，吓得拐杖都掉在地上，不知道该干什么。后形容妻子妒悍，用来嘲笑惧内的人。

出处： 《寄吴德仁兼简陈季常》："忽闻河东师子吼，拄杖落手心茫然。"师，同"狮"。

厚积薄发

释义： 厚积，指大量地、充分地积累；薄发，指少量地、慢慢地抒发。多形容做学术研究等首先要有深厚的积累。

出处： 《稼说送张琥》："呜呼，吾子其去此而务学也哉！博观而约取，厚积而薄发。"

放言高论

释义： 毫无顾忌地大发议论。

出处： 《荀卿论》："尝读《孔子世家》，观其言语文章，循循莫不有规矩，不敢放言高论。"

横峰侧岭

释义： 形容山势纵横交错，起伏重叠。

出处： 《题西林壁》："横看成岭侧成峰，远近高低各不同。"

环肥燕瘦

释义： 环肥，指唐玄宗贵妃杨玉环体态丰满；燕瘦，指汉朝皇后赵飞燕身材苗条纤瘦。形容女子体态不同，各有各的美。

出处： 《孙莘老求墨妙亭诗》："短长肥瘦各有态，玉环飞燕谁敢憎。"

坚韧不拔

释义：形容信念坚定，意志顽强，不可动摇。

出处：《晁错论》："古之立大事者，不惟有超世之才，亦必有坚韧不拔之志。"

近在咫尺

释义：咫为古代长度名，周制八寸，约合今市尺六寸。"近在咫尺"形容距离很近。

出处：《杭州谢上表》："凛然威光，近在咫尺。"

惊魂未定

释义：受惊后的心情还没有平静下来。

出处：《谢量移汝州表》："只影自怜，命寄江湖之上；惊魂未定，梦游缧绁之中。"缧绁即捆绑犯人的绳子，"梦游缧绁之中"即苏轼梦见了牢狱之灾。"惊魂未定"四字准确地表达了苏轼被贬官后的心情。

明日黄花

释义：明日，指重阳节（九月九日）后的九月初十；黄花，指菊花。古人讲究重阳节赏菊花，重阳过后，菊花即将枯萎，便没有什么可欣赏的了，"明日黄花"比喻过时的事物。

出处：《九日次韵王巩》："相逢不用忙归去，明日黄花蝶也愁。"

如泣如诉

释义：好像在哭泣，又好像在诉说，形容声音悲切凄凉。

出处：《前赤壁赋》："其声呜呜然，如怨如慕，如泣如诉。"

稍纵即逝

释义：稍一放松就消失了。形容灵感、时间等极易消逝。

出处：《文与可画筼筜谷偃竹记》："振笔直遂，以追其所见，如兔起鹘落，少纵则逝矣。"少，同"稍"。这句话强调的是灵感来了，就要快速在纸上作画，稍一放松，灵感就消失了。

兔起鹘落

释义： 兔子刚跳起来，鹘鸟就猛冲下来，形容动作快速敏捷。

出处： 《文与可画筼筜谷偃竹记》："振笔直遂，以追其所见，如兔起鹘落，少纵则逝矣。"

含辛茹苦

释义： 辛，辣；茹，吃。比喻忍受种种辛苦。

出处： 《中和胜相院记》："无所不至，茹苦含辛，更百千万亿生而后成。"

万人空巷

释义： 家家户户的人都从巷里出来了，形容庆祝、欢迎等盛况。

出处： 《八月十七复登望海楼》："赖有明朝看潮在，万人空巷斗新妆。"

喜出望外

释义： 因为遇到意想不到的喜事，心中十分高兴。

出处： 《与李之仪书》："契阔八年，岂谓复有见日？渐近中原，辱书尤数，喜出望外。"

相顾无言

释义： 彼此相对却说不出话来。

出处： 《江城子·乙卯正月二十日夜记梦》："夜来幽梦忽还乡，小轩窗，正梳妆。相顾无言，惟有泪千行。"

行云流水

释义： 形容诗文自然毫无拘束，就像飘浮着的云和流动着的水一样。

出处： 《答谢民师书》："所示书教及诗赋杂文，观之熟矣，大略如行云流水……"

胸有成竹

释义：画竹时心里已有竹子的形象。比喻在做事之前已做了通盘考虑，做好了充足的准备。

出处：《文与可画筼筜谷偃竹记》："故画竹，必先得成竹于胸中，执笔熟视，乃见其所欲画者……"

雪泥鸿爪

释义：原意为大雁从雪泥上走过，留下了爪印。比喻往事所留下的痕迹。

出处：《和子由渑池怀旧》："人生到处知何似？应似飞鸿踏雪泥。泥上偶然留指爪，鸿飞那复计东西？"

过眼云烟

释义：从眼前飘过的云烟。比喻曾经历过但很快就消失的事物。

出处：《宝绘堂记》："见可喜者，虽时复蓄之，然为人取去，亦不复惜也。譬之烟云之过眼，百鸟之感耳，岂不欣然接之？然去而不复念也。"

一刻千金

释义：刻是古代的一种计时单位。"一刻千金"指一刻时光价值千金，比喻时间非常宝贵。

出处：《春夜》："春宵一刻值千金，花有清香月有阴。"

一片丹心

释义：丹心，指红心、忠心。"一片丹心"即一片红心，忠诚之心。

出处：《过岭寄子由》："一片丹心天日下，数行清泪岭云南。"

余音袅袅

释义：余，剩下来的；音，音乐，声音；袅袅，声音婉转悠扬。原指剩下的声音婉转悠扬。形容音乐悦耳动听，令人沉醉。

出处：《前赤壁赋》："其声呜呜然，如怨如慕，如泣如诉，余音袅袅，不绝如缕。"

97

遗世独立

释义： 遗世，脱离尘世；独立，独自站立，强调的是一种超出常人、与众不同的境界。"遗世独立"指超脱世俗。

出处： 《前赤壁赋》："飘飘乎如遗世独立，羽化而登仙。"

羽化登仙

释义： 人变成神仙升天了。指人去世了，也指人远离尘嚣，潇洒脱俗。

出处： 《前赤壁赋》："飘飘乎如遗世独立，羽化而登仙。"

风餐露宿

释义： 在风中吃饭，露天睡觉，形容旅途或野外工作的辛苦。

出处： 《将至筠先寄迟适远三犹子》："露宿风餐六百里，明朝饮马南江水。"

牛刀小试

释义： 牛刀，宰牛的刀；小试，稍微用一下。比喻有大本领的人，先在小事情上略显身手。

出处： 《送欧阳主簿赴官韦城》："读遍牙签三万轴，欲来小邑试牛刀。"苏轼的一位姓欧阳的朋友去韦城做官，苏轼写下这两句，说的是这位朋友读了很多书（牙签指书卷），如今去韦城这个小地方做官，不过是牛刀小试、略显身手而已。

人微言轻

释义： 指地位低的人说话不受重视。

出处： 《上执政乞度牒赈济及因修廨宇书》："某已三奏其事，至今未报，盖人微言轻，理当自尔。"

蜗角虚名

释义： 比喻微不足道的名声。

出处： 《满庭芳》："蜗角虚名，蝇头微利，算来著甚干忙？"

蝇头微利

释义：如同苍蝇头那样的小利，比喻非常微小的利润或利益。

出处：《满庭芳》："蜗角虚名，蝇头微利，算来著甚干忙？"

聪明反被聪明误

释义：指自以为聪明的人反而做错了事，耽误了自己。

出处：《洗儿戏作》："人皆养子望聪明，我被聪明误一生。"

庐山真面目

释义：庐山位于江西九江，三面临水，烟雾缥缈，人们难以看清它的本来样貌。"庐山真面目"用来比喻事物的真相或人的本来面目。

出处：《题西林壁》："横看成岭侧成峰，远近高低各不同。不识庐山真面目，只缘身在此山中。"

无官一身轻

释义：指不做官了，感到轻松自在。后来官员常用这句话自我安慰，现也泛指卸去官职后轻松的心情。

出处：《借前韵贺子由生第四孙斗老》："无官一身轻，有子万事足。"

取之不尽，用之不竭

释义：指拿不完，用不尽，形容非常丰富。

出处：《前赤壁赋》："惟江上之清风，与山间之明月，耳得之而为声，目遇之而成色，取之无禁，用之不竭。是造物者之无尽藏也，而吾与子之所共适。"

诗中有画，画中有诗

释义：前半句说的是诗中描绘的事物形象生动，就像一幅画一样美，后半句指画中景物意境优美，就像一首诗一样感人。

出处：《东坡题跋·书摩诘〈蓝田烟雨图〉》："味摩诘之诗，诗中有画；观摩诘之画，画中有诗。"

苏轼作品行迹图

注：图中时间为苏轼到此地的年份，所列作品为苏轼在此地的代表作。

凤翔 1061 年
《和子由渑池怀旧》

眉州 1037 年
出生

汝州 1084 年
《石钟山记》

密州 1074 年
《江城子·乙卯正月二十日夜记梦》
《水调歌头》（明月几时有）
《江城子·密州出猎》

汴京 1057 年
《惠崇春江晚景》（1085年）

徐州 1077 年
《永遇乐》（明月如霜）

黄州 1080 年
《赤壁赋》
《念奴娇·赤壁怀古》
《记承天寺夜游》

杭州 1071 年
《饮湖上初晴后雨》

庐山 1084 年
《题西林壁》

湖州 1079 年
《湖州谢上表》

儋州 1097 年
《上元夜过赴儋守召，
独坐有感》

惠州 1094 年
《悼朝云》
《惠州一绝》

101

图书在版编目（CIP）数据

苏轼：诗酒年华尽天真 /《国家人文历史》著；崔若玮绘. -- 北京：中信出版社，2024.8
（你好！大诗人）
ISBN 978-7-5217-5188-8

Ⅰ.①苏… Ⅱ.①国…②崔… Ⅲ.①苏轼（1036-1101）-诗歌欣赏 Ⅳ.①I207.22

中国国家版本馆CIP数据核字（2023）第015001号

苏轼：诗酒年华尽天真
（你好！大诗人）

著　　者：《国家人文历史》
绘　　者：崔若玮
出版发行：中信出版集团股份有限公司
　　　　　（北京市朝阳区东三环北路27号 嘉铭中心 邮编 100020）
承　印　者：北京顶佳世纪印刷有限公司

开　　本：720mm×970mm　1/16　　印　张：6.5　　字　数：160千字
版　　次：2024年8月第1版　　　　　印　次：2024年8月第1次印刷
书　　号：ISBN 978-7-5217-5188-8
定　　价：38.00元

出　　品：中信儿童书店
图书策划：好奇岛
特约主编：熊崧策　　　　　项目策划：黄国雨　　　　本册主笔：刘瀛璐
特约策划：时光　　　　　　装帧设计：王东琳 陈翊君 东陈设计（左梦心、房媛、李霓、汪龙意、吴双彤）
策划编辑：鲍芳 明心　　　 责任编辑：程凤　　　　　营　　销：中信童书营销中心
封面设计：姜婷　　　　　　内文排版：王莹

版权所有·侵权必究
如有印刷、装订问题，本公司负责调换。
服务热线：400-600-8099
投稿邮箱：author@citicpub.com